生命の文化論

日独文化研究所シンポジウム

†芦津丈夫
木村　敏
大橋良介・編

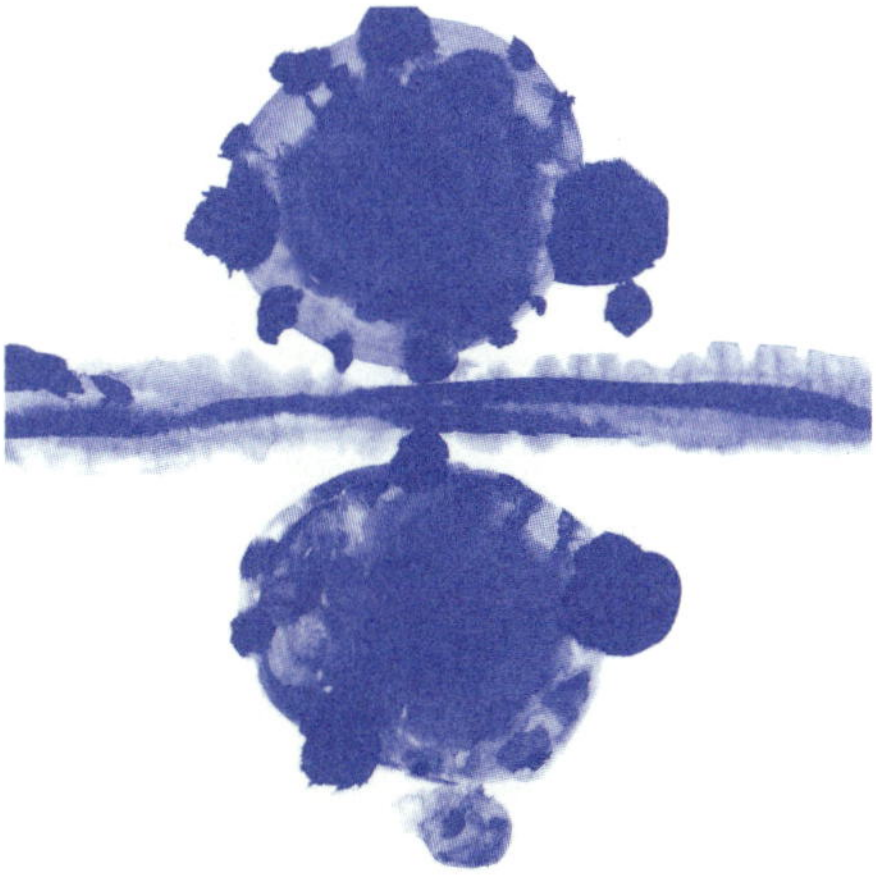

財団法人 日独文化研究所　創立50周年記念出版

日独文化研究所創立五十周年記念「公開シンポジウム」刊行によせて

財団法人日独文化研究所理事長・所長　岡本道雄

当、日独文化研究所は、現在わが国唯一のドイツ文化の研究所である。その歴史は古く前身のドイツ文化研究所が一九三三年に東京ではなく、日本の伝統文化の中心である京都に設置されたのは、一つには当時の世界情勢の反映があるにせよ、二十世紀初頭にかけてのドイツ文化が、ヨーロッパ文化の中心、すなわち世界文化最高峰をなしていたこと、京都が日本文化の中心をなしていたことを物語るものであろう。

この研究所は敗戦とともに廃止されたが、その後、戦前ドイツで学んだ学者の要望が熟し、一九五六年に不死鳥のごとく再建され、それが三年後に創立五十周年を迎えるに至っている。

現在、世界は政治的にも経済的にもアメリカ中心になって動き、混沌たる時代を形成しているが、このような時代にこそ伝統的世界文化の精神、特にドイツの哲学を学ぶことは重要ではないか。

従って本研究所は、その年中事業として、従前から「ドイツ語講座」を行なってきたのであるがこれに加え、一九九一年から主としてドイツ文化の「公開シンポジウム」を開催してきた。

その当時の日本内外の情勢は、このような事業を行なう上で、時期も熟していたように思う。すなわち、日独両国は九十年代に入ってから、戦後世界の大きな構図変化を受けて、それぞれ新たに政治的・経済的な役割を果たすことを国際社会から要請されるようになっていた。すなわち旧西独と旧東独との統合を果したあとのドイツはEU統合に向けて新たな役割が期待されていた。EU実現のあとは、グローバリズムという大波のなかでEUの位置が問われ、その問いはいまも、EUの中心国の一つであるドイツに向けられている。他方の日本は、九十年代の初めには戦後の経済成長を終えてバブル経済に突入したが、国際政治や文化的寄与の面では巨大経済に対応する役割が求められるようになっていた。最近はバブル経済の破綻の後遺症も徐々に清算しつつあるが、政治においてはアメリカン・グローバリズムに加えて中国の台頭も日本を左右する要素となりつつあり、日本が国際政治と文化的寄与にどのような役割を果たすべきかという問いは、いっそう喫緊となっている。

こういった歴史状況のなかで、半世紀の歴史をもつ日独文化研究所としても、ささやかながら文化活動の一端を担うべくこの公開シンポジウムが生まれた。その基本構想の第一は、哲学を軸としつつ、文学・宗教・芸術・精神医学・自然科学などの分野にわたる学際的な討論の場を設けることであり、次に、第一線の学者が専門分野を超えて市民とディスカッションできるような場を、市民に提供することとした。幸いにしてシンポジウムは市民のなかに定着し、好評を博してきた。招待された日独の学者たちから、毎回すぐれた講演が提供され、聴講者たちをまじえたフランクで活発な討論が毎回なされた。

このシンポジウムではこれまで、「自然」「生命」「歴史」という三つの連続テーマを掲げてきた。この三つのテーマは別々ではなくて、有機的ないし発展的な関連をもっている。だから十数年にわたってシンポジウムを重ねてきたいま、全体としては一つのまとまりをもつものとなりつつある。折りしも創立五十周年を迎えるに当たって、この公開シンポジウムも成果をまとめて刊行することが企画されたのである。これが三冊の書物として世に問われることは、研究所としてもまことに喜ばしいことである。同時に、この三冊が現代の文化状況に対する、意味ある発言として受け止められることを望んでやまない。

なお、このシンポジウムの構想は、主として本研究所理事、木村敏教授、大橋良介教授及び芦津丈夫教授によって練られてきたが、その一人である芦津教授は、五十周年の記念事業を見ずして先年、突如として他界されてしまった。この記念刊行は芦津教授への手向けでもある。

生命の文化論

目次

第一部　生命と自己（一九九六年）
第一章　自己創出する生命……中村　桂子　13
第二章　ハイデッガーの動物論……川原　栄峰　28
デイスカッション（大橋良介／木村敏／中村桂子／川原栄峰）　44
第二部　生と死（一九九七年）
第三章　生と時間……ミヒャエル・トイニッセン　71
第四章　生と死のあわい……坂部　恵　80
デイスカッション（小田部胤久／木村敏／芦津丈夫／大橋良介／坂部恵／M・トイニッセン）　92
第三部　感覚の哲学（一九九八年）
第五章　時代現象としての感覚
——自然科学・文学・宗教の出会い——……上山　安敏　119

第六章　感覚と生命――共通感覚論の新しい展開――……中村雄二郎　140
ディスカッション（大橋良介／芦津丈夫／木村敏／上山安敏／中村雄二郎）　156
第四部　生命―創作の秘密　―ゲーテ生誕二五〇年に―（一九九九年）
第七章　彫刻になにをみるか――高村光太郎とヘルダーの彫刻論から――……神林　恒道　187
第八章　宇宙の生命の祝祭――『ファウスト第II部』「古典的ヴァルプルギスの夜」を中心に――……柴田　翔　204
ディスカッション（大橋良介／藤縄千艸／芦津丈夫／神林恒道／柴田翔／木村敏）　231
あとがき　251

生命の文化論

第一部　生命と自己

第一章　自己創出する生命

中村　桂子

「生命と自己」というテーマは、私の経歴から申しますと、実は大変苦手なところです。ではなぜ『自己創出する生命』などという本を書いたのかと叱られそうですが。まず、生命とは何か、というのは私には分からない。ただ、具体的に生命を持つ実体があります。普通の呼び方をするなら、生き物です。私たちの身の回りにいる猫、犬などがそれですし、私たち自身、人間も生き物です。生き物というと、今申し上げたように、私たちはまず身近で多様な存在に目がむきます。足ひとつを見ても、二本のものもあれば、四本、六本、八本、十本のものもある。このように何でもありという感じで、目につくのは多様性です。これは、生き物のもつ大事な側面です。

生命――多様と共通が奏でるダイナミズム

ところで、現代生物学は、このような様々な生き物をよく見つめ、そこから共通性を探しました。私たち人間が生き物への関心の持ちようの歴史を見ますと、常にその底に二つの流れがある。〝通奏底音〟として必ず二つあります。

別に特別のことではありません。いろいろいるということと、だけどみんな生きているということでは同じだということ、これが常にあるわけです。それで、生物としては、日常的には多様性を目にしているわけですけれども、現代生物学で大事なのは、共通性に着目しながら、尚かつ共通と多様の全体を見ていこうというところです。それを表現するために、生命という共通のものを持った実体という意味で、「生命体」という言い方をしています。

今日、与えられたのは「生命」というテーマですけれども、私は常に実体を見ないとものが考えられない人間ですので、生命体という実体を、いま私たちはどう見ているかということを少しお話させていただこうと思います。

いまどのように考えているかを知っていただくには、これまでどう考えてきたかということをふまえて申し上げないといけないので、共通性と多様性という通奏底音の流れをすべてお話しなければなりません。しかしそれでは講義になりますから、すぐ現代に入りたいと思います。ただし、二十世紀へ入るために十九世紀に少し触れます。

多様性は、日常的に見ていれば分かる。子供にも分かります。一方、共通性は、その中から何とかして探り出さなければなりません。十九世紀は、生物学の中で共通性が明確に出てきた時です。

大きく整理して、四つの事柄をあげます。第一に十九世紀の初めに、細胞説がでます。セルセオリー（celltheory）です。生き物はすべて細胞で出来ているということです。これは、顕微鏡ができて、目に見えない世界を見るようになったことが基本にあってのことです。

ここで皆が見るようになったということに関連して、ちょっと申し上げておきます。「生物学を研究しています」というと必ず「顕微鏡覗いているんですか」と訊かれる。実は、今はDNA研究が主で試験管の中の反応を見る。時にはコンピュータを扱う人の方が多いのですが、世間では顕微鏡を覗く人イコール生物学者となっています。しかし顕微鏡は、素人が発明し、最初はファッションだったのです。覗いていろいろなものを見つけて楽しんでいた。一種のサロンだったわけです。もちろんそのころ、科学でご飯が食べられる人はいませんでした。科学者という特別な職業が生まれたのは十九世紀以降です。実は、生命誌は生物研究の新しいあり方を提案しているのですが、その一つとして、生命体への私たちの対処の仕方・接し方として、科学者だけでなく、サロン風に誰もがそういうものに接するようにしたいという気持があります。生命誌研究館はそのような場としてつくりました。けれどもよく考えてみると、これは少しも新しいことではありません。昔はすべてそうだったわけですから。そこで、あらゆる生物が細胞でできているということが分かってきて、それが認められたのが細胞説です。

メンデルとダーウィン

それから十九世紀の半ばに、二つの大きな仕事が出ます。生物学の専門家でない人にまで知られている生物学者の名前はあまり多くないのですが、その数少ない二人が登場します。一人はメンデル。これはもちろん職業生物学者ではありません。牧師だったわけです。僧院の庭にエンドウを蒔いて、遺伝の法則を発見しました。メンデルはエンドウ豆で調べたのですが、これが評価されるのは、別にエンドウ豆の背の高いもの、低いものそれぞれの性質が遺伝するという事実を見つけたからではありません。エンドウ豆で見つけた法則が、あらゆる生き物に共通なものとして認められたからです。遺伝という現象は昔から知られていました。犬の子は犬で、猫の子は猫と知っていた。しかし、それぞれの性質がどのようにして伝わっていくのかということはわからない。体液で伝わるのかもしれないなどと考えられていたところへ、伝える因子があることを示すデータを出したのですから、これは大きい発見です。

それとほとんど同じ頃に、ダーウィンが進化という考え方を、これもていねいな観察をもとにして出しました。進化論をまとめた著書の名が「種の起源」であることで分かりますように、あらゆる生き物は、多様だけれども共通のものから出てきたのだというのがダーウィンの考えです。起源があってそこから多様化してきたということを示したので共通というところに意味があります。

それから、もう一つ大きな動きは、生き物も物質でできているという見方です。タンパク質ですとか、糖分ですとか、特定の物質ではありますが、主として炭素、水素、ちっ素、酸素などが組み合わさった物質であり、なんら特別のものではありません。私たちは試験管の中でいろいろな化学反応をさせ、エネルギーを産み出したり新しい物質を合成したりしますけれども、そのような物質の働きが私たち生き物の体の中でも起きている。しかもそれはあらゆる生き物に共通だということがわかってきました。ここではパストゥールが関わります。京都にパストゥール研究所がありますけれど、これも生物研究者の中でよく知られている人の一人です。

葡萄酒が出来るときに酵母菌が必要ですが、それが生きていく中で発酵がおきる。つまり糖分をアルコールにするわけです。パストゥールは発酵には酵母菌の存在が不可欠だと思っており、一方で化学者リービッヒは生物とは無関係という考え方を出しました。その後、ブッフナーが生きた酵母がなくても発酵することを見つけ、その役割をしているのは酵素というタンパク質であることをみつけました。必ずしも生物そのものがいなくてもよいが、生物は関係しています。明らかに生きるということを支える反応をする物質のあることが分かった。生命現象と物質がつながったのです。酵素は酵母菌という小さな生物の中で見つかったわけですが、それが酵母菌だけで見つかるのではなく、ここから生化学という分野が生まれました。人間も含むすべての生き物の中でいろいろな反応を酵素が支えているということで、共通性が出てきます。

二十世紀は遺伝子の時代

こうして、いま私たちが生物の共通性として考えるものが、十九世紀に出そろいました。これが二十世紀に繋がっていくわけですが、実は細胞説や進化論はすぐには大きく展開しません。現代科学は実験をしていかなければなりませんから。

そこで二十世紀は、遺伝学の時代だといわれています。遺伝学と生化学がまず進みます。人々が生き物について非常に生き物らしいと感じる一つは、やっぱり犬の子は犬で、犬から猫は生まれないということ、その不思議さです。生き物は生き物からしか生まれないし、同じものが繋がっていくという不思議さ、これは一般的な興味でもあります。遺伝現象を調べていくために特にショウジョウバエの変異体を使っていきました。ショウジョウバエは世代の交代が二週間ですから、早く結果がわかります。しかも、X線をあてると人工的に変異を起こせることがわかり、体系的研究が進みました。メンデルが、遺伝にはたらくのは漠としたものではなくて因子だということを見つけたわけですから、その実体を見つけようというのが、二十世紀の学問になります。

実はメンデルは、あまりにも早すぎて、彼が仕事をしたときは誰も認めてくれなかったのです。ですから、メンデルは今では、生物学の中の偉人とされていますが、ご本人は全く認められずに亡くなりました。そして、まさに二十世紀の初め、一九〇一年にメンデルの法則が再発見されます。そこで、二十世紀が始まりますので、まさに、二十世紀は遺伝の時代、遺伝を支える物質を追っていくのが、二十世紀生物学の象徴といってよいと思います。

そこに、実は物理学が入ってきます。しかもそれはとても大事なことなのですが、今日与えられた時間でそのお話をするのは無理ですので、そこは省略させていただきます。

ここは日独文化研究所なのでちょっと横道にそれますと、当時はドイツが学問の中心でしたから、物理学も遺伝学や医療も進んでおりました。物理学ではハイゼンベルグ。不確定性原理、量子論……当時のみごとな学問の展開の中で唯一わからないと彼が考えたのが生命であり意識の問題。この問いから新しい生物学、分子生物学が生まれます。医学は、コッホを中心にした病原体の発見です。日本から北里柴三郎が出かけ、帰国後日本に「伝染病研究所」をつくります。当時の死亡率でいうと日本は感染症がほとんどです。赤痢、チフス、それから結核。そういう病気で亡くなる人がほとんどだったのですが、ドイツは既にそういうものを抑えて、癌が死亡率の一位というすごい国だったわけです。そういう状況の中で遺伝学が非常に進んでいたこともあって、優生学が生まれるというのが、さっきおっしゃった日独枢軸が出来た頃の状況で、それが悪用されるわけです。

私たち生物学を専門とする者に、それはある種のトラウマとなっている。常にそれが私たちが学問と社会について考えるときにあるような気がします。学問と社会との接点の不幸を二十世紀の遺伝学は象徴する面をもっています。今、私たちが遺伝学のありようを考える時に、そのことを常に思い浮かべながら、そういうことがないようにと考える。これが一つの原点になっています。それも細かくちょっとお話する時間がありませんが。

DNA――分子で語る生物

このように、二十世紀はメンデルの遺伝の法則で始まりますが、象徴的なのはちょうど真ん中、一九五三年という年に、ご承知のDNAの二重螺旋構造の発見があります。遺伝という現象を物質で追ってきた二十世紀前半の科学が、ここでDNAの二重螺旋構造を発見するわけです。こうして後半は、DNAの時代になります。現代生物学はDNAという物質をもとにして、生命現象を考えるわけです。

DNAは、まさに共通性の象徴です。地球上のあらゆる生き物は、DNAを基本にしている。そういう意味では、まさに、共通性の権化です。これを追いかけていけば、共通性を追える。ここからは、単に遺伝というところから抜け出して、生き物の共通性を考える基本物質としてのDNAとなります。事実DNAは親から子に性質を伝える役割をするに違いありませんが、個体の日常を動かすためにも日々はたらいている。生物学者が追っているのはこちらの方です。DNAが子孫に渡されるところの原理、原則はわかりましたが、体を動かすところはわかりませんから。

このように生命現象の基本物質としてのDNAの登場の良い面、悪い面が出てきます。DNAが登場したことが社会に与えたものとして一つとても良い影響があります。それは、あらゆる生き物はDNAが基本であるということ、それまで人間は特別と思っていた気持が払拭されます。私もネズミも同じだと考えることができて、ある意味では解放される。人間である私は、あらゆる生き物と共通な存在だ。

そういう流れの中にある存在だということが事実としてつきつけられるわけですから。昔から遺伝子はＤＮＡだったわけですから、時間的に私はその流れにいる。しかもいろいろな生き物たちと同じものを持っているのですから、空間的にも私はその一つなんだということで、非常に大きな時間と空間の中に自分を置くことができるようになる。そういう意味では、これは私たちのものの考え方に大きな影響を与えました。ある種の解放感を与えてくれたと思います。

ところがもう一方で、これが物質であるために、これで何ごとも説明できるとお思いになる方が出てきたわけです。生命現象、さらにはもっと抽象的に生命なるものがこれで支配されるとか、説明されるとかおっしゃる方たちが出てきました。これは、むしろ生物学者ではなく、外側で出始めたものです。現代社会において「生命」を考えるなら生物学が明らかにした事実を素材として取り入れていただきたいと思います。しかし、生物学が適切に理解されない場合や、歪曲して受け止められた場合は、前に申し上げた遺伝学とナチのような関係にもなりかねませんから、それは困る。ＤＮＡは決定論の中で使われては困ります。そういうものではないことは明らかなのですから。けれども、ＤＮＡを遺伝子、つまりメンデルがいいました因子としてみて、それが一つ一つの物質を決めてその物質が体を動かしていると考えている限り、還元的であり決定論的であるとされてもしかたがありません。この間違いを直さなければなりません。

ゲノム——共通性と多様性を合わせもつ初めてのもの

そこに登場したのが、ゲノムです。ゲノムはある細胞の中にあるＤＮＡの総体をさす言葉で実体です。けれども、遺伝子が実体であると同時にある種の概念であったと同じように、ゲノムも実体であると同時に概念です。そこを強調しておきたいのですが、ＤＮＡを遺伝子としてみるかゲノムとしてみるかというのは、実体としては同じですが、概念としては全く違います。そこが鍵です。

ゲノムという実体はまさに二十世紀の科学の申し子でありながら、それを超える可能性をもつものとして登場しました。生命体を科学的に理解していく、とくに共通性あるいは普遍性を探るために遺伝子を調べていくという研究の中で、遺伝子の集合体として、どうしてもそれを対象にせねばならなくなった。つまり必然的に生まれてきた実体がゲノムです。生物だけではなく、物理現象も素粒子を求めていった先に宇宙が見えてきたと言われています。遺伝子という基本的な因子で生命現象を全部説明できるに違いないという、いわゆる還元的なものの見方、分析がすなわち理解につながるという見方で続けられた研究が、結局それを超えるものを探し出し生命に迫っているわけです。

十九世紀から二十世紀の生物研究の流れを、遺伝現象の中に共通性を追い、生命現象を物質的な背景をもって追うという流れとしてお話ししましたが、それをもう少し拡げていえば、還元、分析、論理、客観という視点で生命体を解いていこうという動きであり、それはＤＮＡの発見で大変見事に進んだわけです。生命科学の進展であり、社会はそれを歓迎しました。とくに、その成果を産業・技術につなげようとする人は、大いに関心を示しました。

けれども、このような研究の展開を楽しみながら、なにかそれで生命が説明されたり、技術に利用されることへの不安や抵抗がある。それが私の気持であり、私の中にずっと引きずっているものがあるわけです。一つは、共通性は見事に示されたけれども、やはり生き物は多様だということです。それを無視した形できれいに生命体という形で、またはもう少し抽象的に生命という形で、言い切ってしまうことには不安があります。多様を捨ててしまっては、実体と合わない。遺伝子はあらゆる生き物に共通であって、けっして多様性を示してはいません。もう一つは、生命体は全体として理解されるべきものだという認識です。

ところが、ゲノムになれば、DNAという共通性の上に立ちながら、ヒトはヒト、イヌはイヌという多様性を示します。ゲノムは、ある生き物を作っている一セットのDNAのことをいいます。ですから一つの個体全体を表現します。

私を作っているDNAの全部を私のゲノムといいます。それぞれみなさんご自身のゲノムを持っていらっしゃる。個をあらわしています。それから、種をあらわすものであります。ヒトという生物を決めるためのゲノムがある。イヌという生物を決めるゲノムがある。この中に、細かく一つ一つ小さな性質を決める遺伝子が入っています。例えば食べ物の中のタンパク質を分解する酵素の遺伝子は、イヌにもヒトにもブタにもあって、それはみな共通なのですけれども、数万個の遺伝子をある集め方をしてセットにすると、それはヒトになり、ブタになり、イヌになりという多様性が出るわけです。

ゲノムは、百パーセントDNAで、すべて分析可能です。しかも同時に全体を表わす。またゲノムDNAという物質の性質はすべてわかります。それが多様性を出してきます。ですからゲノムに着目すると、共通性と多様性、部分と全体が同じ基盤の上に見えてきます。生きものがもつダイナミズム、矛盾などはすべてこれら二項対立的性質を合わせもつところから来ているわけですが、それを具体的に追っていくことのできる対象としてのゲノム。これは、歴史上初めて手にすることのできたものです。これほど魅力的な対象はありません。ですから私はこれを「生命子」と呼んでいます。一般にはゲノムは遺伝子の集合体と見られていますが、そうではありません。

さらに、私のゲノムは意図的に集めて作ったのではなく、父親と母親から受けとるわけです。父親と母親はその両親からもらうわけで、どんどん祖先へ戻っていきます。こうして、私のゲノムからたどって、生命の起源に戻る。逆に見れば、生命の起源からずっと続いて私にくるわけです。もちろん私だけではない。あらゆる人間、いやあらゆる生物が起源にもどります。ゲノムは、歴史の産物なのです。今ここで論理的にこういうものを作ろうとして集めて作ったものでもなんでもない。歴史の産物です。ですから、私たちは自分を知ろうとするなら歴史をたどる。そしてその中に生きものの特性を決める性質を探っていくことができます。

ゲノムはあるシステム、遺伝子が複数集まったセットですから、還元という考え方で生きものを見ているのではありません。ヒトならヒト、イヌならイヌという一つのシステムを支えているものですから、総合的、全体的なものです。同じDNAを通してであっても遺伝子でなく、ゲノムを単位として生物を見れば、還元的、分析的な見方ではなく、総合的、全体的な見方ができます。単にDNAという物質にすぎないのに、そういう概念を包み込んだ物体として存在するものが学問の中に登場したわけです。これが非常に面白い。科学的思考をつきつめていくことによって、科学の枠をはずせる可能性が見えてきたのです。ここから生命を基本にした新しい知を組み立てていくことができると思います。

しかもこれは、ヒト、イヌ、ネコという種の多様性を出しただけではなくて、ヒトという一つの種の中で六十億人いる人間に、だれ一人として同じゲノムを持っている人はいない。自己という言葉の中にはいろいろな意味が含まれていると思いますので、自己をゲノムで説明しようなどとは申しませんが、少なくとも今私が話してきた共通・多様という流れの中で、ゲノムが自己、たった一つしかない存在を表現できることは事実です。生物学的表現をするなら、個体というものが、特有のゲノムを持っている存在として登場するわけです。

実は、現代生物学の中では、個体は表に出てきにくいものでした。日常的には個体が一番大事なのですが、生物学では多様は語りますけれども、個体は触れません。けれども、ゲノムになると必然的に個体が登場します。個は後からお話が出てくる自己の基本だと思います。ここで現代生物学も個体から自己というものを語れるようになったのです。

個を語るということは、思想や哲学からいえば、非常に難しい話なのだろうと思いますが、生物学の中ではむしろそうではなくて、個体が登場した時に感じたのは、日常性です。それで個人的には非常に安心しました。生きものという日常を対象にしているのに生命科学が試験管やコンピュータの中だけで生命を見ていることに不満と不安を感じていましたので、ここから新しい展開ができるという期待をもちました。科学の中に日常性が出てきたことは、科学という知のありようを変えることにつながっていくことになると思います。

日常は、私の飼っている犬が大事なのであって、犬全般は、そんなに大きな関心ではない。人間の場合でも日常の中では、自分自身、家族など身近な人への関心が中心です。そのような日常の関心が普遍性とつながることを願っています。日常は、「自然」にも繋がります。生きものを実験室の中で見るのではなく自然の中で見ることになる。これも大事なことです。

遺伝子は単独で自然界には存在しません。遺伝子が単独で親から子に伝わることはありません。個別の遺伝子は実験室の試験管の中にしかないのです。自然にはゲノムとして存在する。犬が歩いていればその体内に犬のゲノムがあります。私たちがここにいれば、もうこの辺は、ゲノムだらけです。もちろん、ゲノムは遺伝子で出来ているわけですけれども、遺伝子が遺伝子として自然界にあるということはない。必ず遺伝子はゲノムという状態であるわけです。ですから、自然を語るとか、私たちの知を日常にもっていく、ということを考えるならこれはまさにゲノムという切り口でしかできません。個や日常や自然。私たちが日常生きているときに関心があること、そういうことと重なるところへ、学問をもっていけそうな気配を今感じています。哲学では日常性は否定的に見られるかもしれませんが、生物研究としては、科学技術との関連の中で、日常性は重要な視点です。私にとっての個、自己はそういうものです。自己創出は、具体的には自然の創出の中でしか意味をもたないという位置づけです。それで実際にどんな研究をしているのかというお話は、ディスカッションの時にさせていただきます。

自己についてもっと沢山のことをお話ししなければならなかったのですけれども、DNAを基本にした生物学がどのようにして個にまでたどりついたかという経緯をわかっていただかずに、自己の問題だけを語ると、すれ違いが起きる危険があると思い、最初の話題提供はゲノムへの道に絞りました。ゲノムを基本にどう考えるかはこれからです。したがって、この場で皆さまがお考え下さるための材料提供にしか過ぎませんことをお詫びしなければなりませんが、まずこれで終わります。どうもありがとうございました。

第二章　ハイデッガーの動物論

川原　栄峰

プロローグ

今日のシンポジウムのテーマは「生命と自己」ですが、ハイデッガーは「生命」という語を動植物の有の様式という意味でしか使いませんし、「自己」という語を人間の現有に関してしか使いません。ですから「生命と自己」というテーマはハイデッガー的には「動植物と人間」という意味になります。

ハイデッガーは主著『有と時』（一九二七年）の翌々年すなわち一九二九年の冬学期に『形而上学の根本諸概念』という講義をしました。これが、その後五十三年もたった一九八三年（ハイデッガー没後）ハイデッガー全集の中の一巻として出版されました。五四二頁の大冊です。この中でハイデッガーは、形而上学の根本概念の一つである「世界」との関係で、動物の有を約一六〇頁にわたって現象学的に解釈しています。哲学者の動物論としてはアリストテレス以来約二三〇〇年ぶりのものと言えるでしょう。

ハイデッガーはまず「石は無世界的（weltlos）である」「動物は世界貧乏的《ひんぼう》（weltarm）である」「人間は世界形成的である」という三つのテーゼを立てて、これを比較考察します。その際「世界」とは差し当たり「全体としての有るものそのものが開けて顕わであること」です。

動物の有を解釈するとは言いますが、いったい人間は自分を動物へと移し置いて、動物の振る舞いにおける物への接近通路と交渉とに同行（mitgehen）することができるでしょうか？　できる、とハイデッガーは言います。動物が獲物や敵などへと接近通路をもっていて、それらと交渉しているということに疑問の余地はありません。そして動物のこの接近通路と交渉とにわれわれ人間が同行することは可能です。もしかするとわれわれはこの同行によって、動物自身よりもより鋭く、より本質的に、動物の有を見抜くことすらできるかもしれません。

動物への自分移し置き、同行ということが困難だとか不可能だとか言うのは、人間どうしのあいだの自分移し置き、同行が、困難あるいは不可能だと思い込んでいることから来ています。それは思い込みに過ぎません。人間の場合、他人への自分移し置き、同行の可能性は、もともと根源的に、人間の本質に属してしまっているのです。人間の現-有とは他者と共に有ること（Mitsein mit Anderen）、共に実存すること（Mitexistieren）、世界-内-有（In-der-Welt-sein）なのです。ところが日常的には人間相互の同行は離反行（Auseinandergehen）か、対抗行（Gegeneinandergehen）か、それとも大抵の場合、並進行（Nebeneinandergehen）つまり行きずり関係です。この並進行、この行きずりが、人間と人間との間には、先ず橋がかけられねばならないかのような仮象を生むのです。

これはハイデッガーの根本思想の一つで、とても大事なことですから、ハイデッガーの文をそのまま読みあげます。「この仮象が長いあいだ哲学を、殆ど可能と思えないほどひどく愚弄してきた。それどころか、この仮象は哲学によってさらに強化されるという始末である。すなわち、哲学は、個々の人間は個々人として独立自存的であり、自分の自我圏域を携えているこの個々の自我は、差し当たり、そして最初に、そして最も確実に、自分自身に与えられているものなのだ、というドグマを作りだすことによってこの仮象を強化する。このようにして、相互関係なるものは、何をおいてもまず、この独我論的孤立から出発して作り出されねばならないのであるかのように考える意見が、哲学的に是認されるに至るのである。」

このようにハイデッガーは近代哲学の自我とか主観とか意識とかを基礎に据えることを退けて、他者と共に有る、共に実存する世界-内-有を基礎に据えます。感情移入などと言われることがありますが、これなども、やはり仮象の産物です。人間と人間、人間と動物の間には、別に橋など架けなくても、同行は可能だと彼は言うのです。——ここでハイデッガーが中国の古典『荘子』秋水篇濠梁譚、魚の楽しみの話がとても好きだった、ということを言い添えておきます。

第一節　器官（Organ）と有機体（Organismus）

器官（Organ）（眼、耳、鼻、内臓などなど）の語源はギリシア語のオルガノンであって、これは「用具」を意味します。そのため一般に感覚用具（Sinneswerkzeug）とか消化用具（Verdauungswerkzeug）とかいう用語が用いられているだけでなく、生物学者W. Rouxは有機体を「用具の複合体」と定義し、v. Uexküllは機械を「不完全な有機体」と呼んでいます。器官をまず用具または機械と解しておいて、しかる後に超用具的、超機械的な何かを付け足す、というやり方は危険です。そこからは性急な生気論が出て来やすいからです。たしかに用具も器官もともに有用（dienlich）です。しかし用具は不特定多数の人のために独立自存しています。これに対して、器官は特定の有機体の中に組み込まれていて、この特定の有機体だけに奉仕するのです。用具は何らかの仕事のために用意あり（fertig）として出来上がり（fertig）状態にありますが、自分で自分を作ったり、自分から仕事を始めたり、自分で自分を直したりすることはできません。これに対して、器官は自分生産、自分主導、自分更新します。すなわち、用具の有用性は「或る仕事のために用意ありとして出来上がっている」（Fertigkeit）ということなのですが、器官の有用性は或ることに有能である（Fähigkeit）ということです。

器官が特定の有機体の中へと組み込まれていて、この有機体だけに奉仕し、自分生産、自分主導、自分更新する、ということを考えるならば、器官の有能性は器官そのものに属するというよりも、むしろ有能性は有機体に属する、と言った方がよいのです。器官が有能なのはそもそも有機体が有能だから、なのです。言い換えると、眼があるから見えるのではなくて、見るのに有能だから眼で見るのです。

アメーバは必要な器官をそのつど自分で形成し、また破壊します。滴虫の場合、何かに食らいつくと原形質がその物の周囲に泡を作り、これが先ず口になり、次いでこれが胃になり、腸になり、最後に肛門になるのです。つまり、栄養摂取の有能性の方が諸器官よりも先なのです。原形質小動物たちは仮足を作りますが、用がすむとこの仮足を再びもとの原形質の中へと「混ぜ戻し」ます。にもかかわらずこの仮足が他の小動物の仮足に接触するようなことがあっても、この他者の中へ混ざり込むということはありません。仮足という器官は移動するという有能性の中に保留されつづけ、この有能性によってのみ奉仕させられたり、撤収、破壊されたりするのです。以上のことから次のことがわかります。器官は有能性の中で、有能性から生じ、有能性に対して奉仕的である。

ところで、用具は人間のプランに従って作られていて、人間がこれをマニュアルに従って使いこなします。これに対して、有機体の有能性は規則を自分で持参します。自分で自分を自分の有能有へと向けて衝き動かし（vortreiben）、そうしながら自分で自分を規制します。滴虫は栄養摂取という根本の衝き動かし（Trieb）に駆りたてられて口、胃、腸、肛門というきちんとした順序で器官を作り、また、撤収するのです。つまり栄養摂取という根本衝動が、動きの全体を終始一貫して衝き動かしています。咀嚼、消化、吸収、排泄という諸衝動は段階順序式に連なり、順次に伸長波及する構造になっています。しかし、そこに魂とか生命力とか合目的性とかいう考えは全く遠ざけられねばなりません。そういうことを言い出すと、それですべてはおしまいになってしまうからです。

有機体の有能性は自分自身を前へと衝き出しつつ自分の振る舞いのために自分を差し出す、つまり奉仕させる。けれどもこの衝動的な自分差し出しにおいても有機体は終始一貫しているのであって、常に自分に-固有-としてとどまりつづけるのです。（仮足は他者の仮足へは混ざり込まないのです。）これを自分-固有-主宰性（Eigentümlichkeit）と呼べばよいでしょう。栄養摂取、成育、遺伝、移動、闘争など多数の有能性の中へと自分を分岐させながらも、有機体はそれらを終始一貫、自分という一つの統一の中で纏めているのです。有機体とは、用具の複合体でもなく、諸器官の連合体でもなく、諸有能性の束でもありません。有機体とは有ることの特定の一根本様式（eine Grundart zu sein）であって、これを簡潔に言い表すと「器官を作り出す、有能な、固有主宰性」ということになります。これが有機体の本質概念です。

第二節　動物の振る舞い（Benehmen）の構造

動物は自分で自分を衝き動かし、自分で自分に衝き動かされています。動物の動きは衝動的です。ですから動物のこのような有の様式は人間の場合のような態度とり（Sichverhalten）ではなく、振る舞い（Benehmen）と呼ばれるべきですし、動物の動きは、人間の場合のような行為（Handeln）ではなくてやらかし（Treiben）と呼ばれるべきです。

そうすると前述の有能有とは、振る舞いへの有能有である、ということになります。さらに動物の自分-固有-主宰ということを先程述べましたが、動物はどんな振る舞いにおいても自分を留め保ち、自分を自分の中へと取り込みます。人間の場合のような自己性などのかけらもないのに動物は終始一貫自分の中へと取り込まれているのです。この取り込まれ（Eingenommenheit）、これをとらわれ（Benommenheit）という語で呼びます。動物はその本質上（自分に）とらわれているかぎりにおいてのみ、振る舞うことができるのです。そのことを次の実験が示しています。

実験(1)　一匹の蜜蜂が蜜貯蔵衝動に衝き動かされて巣箱を飛び立ちます。飛び立つとき蜂は巣箱の周囲に自分の体の匂いを振りまきます。こうしておくと帰るとき巣箱を間違えないですみます。さてそれがすむと蜂は巣箱の中で他の蜂が踊りで（ダンスで）教えてくれた餌場へと向かって飛びます。仮に飛行距離は一キロとします。飛びながら蜂はこの飛行距離を覚える（sich merken）だけでなく、自分の飛行方向と太陽とのなす角度をも覚えます。今仮にこの角度は後方左三〇度とします。蜂は花に一滴の蜜をかぎつけ、これを吸い、吸うのをやめて、飛び去り、今度は太陽に対して前方右三〇度の角度で一キロ飛び、自分の体の匂いのする巣箱の中へと戻ります。

ところが、この蜜蜂の振る舞いは徹頭徹尾謎めいているのです。じつは、この蜂は巣箱を巣箱として、太陽を太陽として、花を花として、蜜を蜜として会得《えとく》して振る舞っているのではない、ばかりか、そもそも、これらの物を有るものとして会得して受け取っているのでさえもないのです。次の実験(2)以下がそのことを更に示します。

実験(2)　お皿に蜜を一杯いれて蜜蜂に吸わせると蜂は蜜を吸って、中断して、飛び去る。満腹すると、その時まで押し止められ、抑止されていた帰巣衝動が抑止解除され、蜂はその衝動に衝き動かされて飛び帰るわけです。そこで今度は蜜を吸っている一匹の蜂の腹部を人間が用心深く切断します。すると蜂はお皿の蜜をいつまでも吸い続けます。蜜は切断部分から流れ出しています。つまり蜂は蜜が有るということ、多すぎるぐらい有るということを確認などしていないのです。満腹しないかぎり自分のやらかしを続けるのです。蜂は蜜によってすっかりとりさらわれ（hingenommen）ていて、このとりさらわれが「蜜が有ること」の確認を閉め出しているのです。腹部が切断されていなければ、満腹が帰巣衝動を抑止解除する、つまり衝動のハンドル切り換えをするので、飛び帰るはずなのですが、腹部切断された蜂にはそういうことがないのです。ということは、健全な蜂が飛び去るのも、蜜が多すぎるほど有ることの確認に基づいて、つまり蜜を蜜として、蜜を有るものとして会得して受け取る（vernehmen）ことに基づいてそうしているのではない、ということです。

実験(3)　先の実験(1)の蜂が巣箱を飛び出した後、人間がこの巣箱を数メートルずらします。暫くすると蜂はほぼ正確に巣箱のもとの場所へ帰ってきます。そこに巣箱がないので、付近の樹木とか箱の色（蜜蜂の眼には瞳孔も虹彩もレンズもなく、蜜蜂は僅かの色しか区別できません）とか、まき散らしてある自分の体の匂いとかを頼りにして首尾よく巣箱に帰れればよいのですが、しばしば間違えて他の巣箱に入ろうとして門番蜂に侵入者として噛み殺されます。ほんの数メートルしかずらされていないのに、蜂は巣箱が巣箱として有ることの確認をしない（できない？）のです。

実験(4)　実験(1)の蜜蜂が餌場で蜜を吸った直後、人間がこれを捕まえて、中が真っ暗の箱に閉じ込め、数時間後に放します。数時間たつうちに太陽の位置はかなり動いています。そんなことを知るよしもなく蜂は太陽に対して前方右三〇度で一キロ飛びます。当然巣箱はそこにはありません。だからこの蜂は実験(3)の蜂と同じことをやらかします。多分他の巣箱の門番蜂に噛み殺されるでしょう。

実験(5)　実験(4)の、蜜蜂を捕まえて入れてある箱を、人間が今度は巣箱のすぐ近くの所まで持って帰って、そこで蜂を放します。すると巣箱がすぐそこにあるにもかかわらず蜜蜂はやはり太陽の前方右三〇度の角度で一キロ飛ぶのです。

この蜜蜂の実験以外にも、蛾は蠟燭の火に飛び入って焼け死ぬのに、お月さまへは飛んでいかないとか、或る蟹は光が下からくる場合には逆さまになって泳ぐとか、或る種の昆虫は交尾のあと雌が雄を噛み殺して食べてしまうとか、いろいろ実験、観察があるのですが省略します。——さて、以上の蜜蜂の実験は次のことを示しています。

(1) 蜜蜂は巣箱、太陽、花、蜜などを巣箱、太陽、花、蜜として会得して受け取っているのではないし、これらの物をそもそも有るものとして会得し、熟慮してこれに態度をとっているのではない。何か或るものを何か或るものとして、有るものを有るものとして会得して受け取ることが動物からは一切とりあげられている（Genommenheit）。動物には何か或るものも、有るものも開顕的（offenbar）ではないのです。

(2) 蜜蜂はこれらの物によってそのつどとりさらわれている（Hingenommenheit）。動物が有るものへと態度をとっていることを示す徴候はないとハイデッガーは明言します。

(3) 物によってこのようにとりさらわれているけれど、それは動物が物へと関わりこみ、深入りするということではない。動物は物が動機づける自分の諸衝動（飛ぶ、吸う、帰るなど）の全体の中へととりこまれている（Eingenommenheit）のです。例えば蜜蜂は飛び帰りに際して、太陽としての太陽にではなく、角度三〇度の方角と距離一キロとにとりこまれてしまっている。蜂はいわば三〇度と一キロとを自分の口から噴き出しているだけです。動物は自分と物との中間でいわば宙に浮いている。自分自身をも物をも有るものとして経験しないのです。

(4) このように動物には物は開顕的ではないのですが、しかしこの物に動機づけられたり、物を頼りにしたりして様々に振る舞うのだから、動物は物と全く無関係というわけでもない。動物は物へと或る仕方で開け（offen）てはいる。そして物へのこの開け（Offenheit）とともに動物はいわば一つの囲みの輪（Umring）を具えもっていて、この輪の圏内で物から働きかけられる。逆に言うと、物が動物の振る舞いへの有能性を、そのつど抑止解除して衝動のハンドルの切り換えを動機づける。

(5) たとえば飛ぶ、花の蜜をかぎつける、蜜を吸う、吸うのをやめる、飛び帰る、太陽に前方右三〇度の角度をとる、一キロ飛ぶといったような諸衝動が段階的に連なって輪をなしていて、これらが順次抑止解除される。この抑止解除の輪（Enthemmungsring）をめぐる取っ組み合い（Ringen）、これが動物の生そのものの一つの本質性格であり、これが普通、自己保存、種の保存と言われていることです。動物が刺激を受け取る範囲と方向とは予めこの抑止解除の輪によって限定されています。抑止解除の輪がいわば刺激受容可能性の縄張りになっているのです。刺激が客観的にどんなに強くても、この刺激の方向においていかなる衝動ももちあわせていなければ、動物はしらん顔なのです。この動物はこの特定の抑止解除可能性に対しては衝動的に開けていないからです。

(6) 以上の五項目を総称してとらわれと呼びます。このとらわれ（Benommenheit）が振る舞い（Benehmen）の可能性の条件であり、これが動物という有機体の構造全体の統一です。有機体とはとらわれという統一における振る舞いへの有能有です。これが有機体の本質概念です。

第三節　動物の環境（Umgebung）

動物は諸衝動の内的な詰めこまれすぎ、積みこまれすぎ、を蔵しており、諸衝動はせき止められ、押し止められ、抑止されています。動物の有能性が振る舞いへと至るためには諸衝動が自分以外の他の物によって動機づけられねばなりません、つまり他の物によって抑止解除されねばなりません。動物はそれぞれ特有の、そして固有の抑止解除の輪で自分をとり囲んでいます。この輪の範囲内で、この輪（Ring）と取っ組み合いをする（ringen）ことによって、動物は自分以外の他の物との関係を闘いとる（erringen）のです。

既にお気づきのとおり、これが、動物は環境（Umgebung）をもつ、ということです。動物の振る舞いは抑止解除の輪の中へのとりこまれ、であるにもかかわらず、動物はこの輪において他の物と関係するわけです。もっとも、関係するとは言っても、他のものは何か或るものとしても、有るものとしても、開顕的ではありません。動物のこの振る舞いは、人間の場合のような会得でも、態度とりでも、対象化でもないのです。宙に浮いているようですが、それにもかかわらず、動物の環境は、人間の世界が全く知らないような或る種の豊かさを具えている開け（Offenheit）なのです。動物には、有るものとしての有るものは開顕的（offenbar）ではないが、しかし動物は物へと開けてはいる、offenではある、接近通路があることはある。動物は世界をもたないが、環境をもってはいる。このことをハイデッガーは「動物は世界貧乏的である」というテーゼで言い表すのです。

しかしここに一つの根本問題があります。有るものとしての有るものという言葉遣いをしてきましたが、この「有る」ということが問題なのです。人間の有は現-有（Da-sein）、用具の有は手もと有（Zuhandenheit）、動物の有は生（Leben）。このようにそれぞれ有の様式に区別があるのです。ところが人間は差し当たり大抵の場合は日常性へと退落して、真に現-有として実存しているのでなく、世人（das Man）になってしまっています。誰でもない誰か、誰でもある誰か、Mr. Everymanになってしまっています。無数の世人が何千年もの間毎日毎日交わっているうちに有の様式の区別は磨滅して無差別平坦になってしまいます。とにかくすべては一様にぞろりとみな「有る」、これに有用性が加わると用具になる、生が加わると植物になる、動きが加わると動物になり、さらに理性が加わると人間になる、だけど先ず最初は一様にただ、要するに、とにかくそこに「有る」だけなのであって、この「有る」が基礎なのだ、と世人は思い込んでしまうのです。

この無差別な、要するにそこに「有る」の「有る」、これはいわば「有」の概念のないのはてなのです。これをハイデッガーは手前性（Vorhandenheit 直前性）と呼び、動物論の中で「世人においてだけでなく、哲学の中でさえのさばっているこの直前有という思い込み、これはどんなに厳しく告発されても厳しすぎることはない」と言い、「これは哲学の不倶戴天の敵（Todfeind）だ」とまで述べているのです。動物論においてだけでなく、この Vorhandenheit は終生ハイデッガーの最大の敵でありました。

人間にとっても動物にとっても一様同様にそれ自体として直前的に有るものが与えられていて、人間は人間なりに、動物は動物なりにこの直前的に有るものに関係する、と人は思いこみ、さらにそのうえ、動物自身も人間にとって直前的に有る、と思い込む、この思い込みがダーウィニズムの根本的に間違った前提になっています。人間とは違って、動物には、有るものとしての有るものは、開顕的でもないし、直前的に有るわけでもないのです。ダーウィニズムは直前的に有るものへの動物たちそれぞれの適応の仕方の違いと、直前的に有るものの多種多様な違いとから、それぞれ違った有機体構成つまり変異（Variation）が生じ、これが、最もよく適応するものが最も長く生きのびるという経済的な考えと結びついて進化論となったのです。

しかし、動物と環境とが、それぞれ既に独自に直前的に有って、しかるのちに、動物が環境に適応する、のではありません。動物が有って、というその「有る」ということとそのことの中に、つまり動物の有の様式そのものの中に、既に、他の物の中の幾分かを動物が自分の抑止解除の囲みの輪の中へと嵌めこむ、ということが含み込まれてしまっているのです。

今から六十七年も前の、生物学者ではないハイデッガーの動物論ではありますが、ハイデッガーが動物に対する機械的、物理-化学的な考察を避け、諸部分を機械論的に寄せ集める分析的、分解的方法をとらず、さりとて性急な目的論的考察や生気論にも与せず、常に全体性のイデーによって導かれつつ、さらに、有るものの根本的に違ったそれぞれの諸様式の独自性を十分に顧慮しながら、動物の有を現象学的に解釈している、ということがわかります。動物にとって「有るものが有る」ということは決して開顕的ではない、ということが最大のポイントだと思われますが、動物にとって「有るもの」が開顕的でないとしたら、なぜ、いかに、人間にとってだけ「有るもの」が顕わなのか、まことに不思議だということになります。ハイデッガーは別の講義（WiM$_{42}$）の中で、「有るものが有るという不思議の中の不思議（das Wunder aller Wunder）」という言い方をしていますが、たしかにこれは不思議だということになります。この不思議に驚くことから哲学が始まるのだ、とハイデッガーは言いたいのです。つまりハイデッガーの動物論が、常に、言外に、問いかけ続けているのは人間の現-有なのです。

さて、ここまで来てハイデッガーは、自分のこの動物解釈が不完全であることを強調します。不完全というのは、動物の有為転変ということを扱わなかったということです。動物の生にも誕生、遺伝、成長、成熟、怪我、病気、老化、死、といったような有為転変があります。生物学者Boveriは動物における歴史的なものなどということを言うけれど、そんなことを言ってもよいのかどうか？　動物の死と人間の死とは同じなのかどうか？　このようなことについても解釈がなされねばならなかったはずであり、その点でこの解釈は不完全だとハイデッガー自身が言うのです。

たしかにそのとおりです。ハイデッガーは、多分、主著『有と時』において人間の「死」について多くの重大なことを述べたからだと思われますが、動物の死については、簡単に、動物の死（Tod）は死ぬこと（Sterben）ではなくて、命果てること（Verenden）だとだけ述べています。人間は死ぬ、動物は命果てる、ということの中にも、「人間が死ぬ」ということの意味の重たさが暗示されています。

しかし実はもう一つ大事なことがありますので、もう一度、動物の抑止解除の輪の話に戻ります。動物たちの抑止解除の囲みの輪はそれぞれみな全く違います。これらは単に並列的あるいは上下に重なり合っているのではなく、これらは相互に入り組んで、他の動物の輪の中へと波及侵入しているのです。木食い虫は彼の特有の輪と取っ組み合っているわけですが、この木食い虫自身が、彼の輪をもひっくるめてそっくりそのまま、啄木鳥《キツツキ》の囲みの輪の中に入ってしまっています。ところがこの啄木鳥は、彼の特有の囲みの輪をもひっくるめて丸ごと、リスの輪の中に入ってしまっているというわけです。

動物たちの幾つもの囲みの輪のこの相互の嚙み合わせは、動物たち自身の抑止解除の輪との取っ組み合いから次第に生じてくるものなのですが、これは直前有とは全く違う一つの有の根本様式を示しています。この動物の国の多くの囲みの輪の開けの嚙み合わせ連関の全体は、人間がどうにか予感することしかできないほどの、途方もない豊かさを蔵しています。この取っ組み合いにおいて、動物は他のものの幾分かを自分の囲みの輪の中へとうまく嵌め込んで行って、次第に嚙み合って行くのだということを考えると、われわれは次のように言わざるをえなくなる、とハイデッガーは言うのです。すなわち「幾つもの囲みの輪のこの取っ組み合いの中で、有るもの一般の範囲内での生物の内的な支配性格が、われわれに対して顕わになっている。つまり、或る内的な、生そのものの中で生きられている、そして自分自身を遙かに凌駕している、自然の崇高性が顕わになっている」と。——ハイデッガーが「自然 Natur」という語を、自分の用語として、しかも崇高という言葉まで添えて、こんなにポジティブな意味で用いているのは、彼のあまたの著書、論文などの中で、私の知るかぎり、動物論のこの箇所においてだけです。

動物は人間にとって決して直前的に有るのではありません。ハイデッガーは「動物が人間に対して特定の根本関係を要求（fordern）し、要望（erheischen）している」と言い、遂に「動物たちの抑止解除の輪の嚙み合わせの全体すなわち生きている自然が、人間を逮捕拘留している（gefangenhalten）」とまで言い、このことを暗示するために彼は動物論以外の他の箇所でも時々「人間は有るもののまっただ中で（inmitten des Seienden）実存している」という言い方をしてきたのだと種明かしをしているのですが、ハイデッガーの遠謀深慮にはただただ驚くばかりです。

（言葉遣いをあまりに厳密、斉合的にすると、かえってわかりにくくなりますので、わざと多少ルーズな言葉遣いをした箇所があることをお断りしておきます。ご静聴ありがとうございました。）

☆ハイデッガーが著書、論文などから引用したり、実験を参照したりしている生物学的諸文献の著者・筆者である生物学者たちの名前だけを列挙。

H. Spemann (1869-1941)
J. v. Uexküll (1864-1944)
W. Roux (1850-1924)
A. Bethe (1872-1955)
E. Radl (1873-1942)

J. Müller (1801-1858)
F. J. J. Buytendijk (?)
K. E. v. Baer (1792-1876)
H. Driesch (1867-1941)
Th. Boveri (1862-1915)

ディスカッション

大橋　それでは第二部のディスカッションに入らせていただきます。入り口に積んである、第一ラウンドの成果を集めた本を、ご覧いただいたら分かりますけれども、過去、四回、五回の公開シンポジウムは、いずれも本日と同じように大勢の方に来ていただいて、知的なサロンとして定着してきているかと思います。本日もくつろいだ知的サロンとしてフロアーの方からもいろいろなご質問をいただきたいと思います。

それで、司会かつコメンテーターとして、問題をほぐすという意味で、私とお隣におられます木村先生とで、コメントをさせていただきます。そして講師の先生方に、お答えいただき、その後フロアーの方からそれぞれ自由な質疑をいただきたいと思います。

中村先生と川原先生のお話は全く別々の分野から「生命と自己」というテーマについて光をあてるものでした。シンポジウムの世話人として私どもが大枠のテーマを「生命」というふうにした時に、こういう広がりを期待していました。すなわち第一回を「生命と自己」としましたのは、単に「生命」というふうにしてしまうとどちらかというと自然科学系の問題になりがちでありますし、また「生」としますと、哲学でいえば、生の哲学(Lebensphilosophie)などを連想し、自然科学との接点をあまり持たなくなってしまいます。しかし、ここで「自己」という一つの問題軸を差し込みますと、一挙に自然科学系の問題であるとともに、広い意味での哲学系の問題にもなってくると思ったわけであります。

私は生命科学ないし生命誌に関しては全くの素人でありますけれども、生命体を貫くとともに自分も貫いている「自己」という問題がどこでどういうふうに照らされるか、あるいは浮かび上がるかという問題が生命科学のほうからどんなふうに照らされるかなという期待をもっていました。期待の通り、中村先生のお話では、まず生命体というものが十九世紀、二十世紀を通して共通性を追うという形で進みながら、その展開のあげくにゲノムという問題に至って、多様性さらには個、個体性という問題に進んできたことが指摘され、そこで「自己」という問題も浮かんでくるというお話でした。私としては非常な知的興奮を覚えた次第であります。

それから、川原先生はハイデッガー思想に通じていられる人でありますけれども、本日は「ハイデッガーの動物論」という、ハイデッガーの残した著作からすると少し特殊な問題を切り口とされました。川原先生はいつもハイデッガーの思想を嚙み砕いて、いわば川原思想という色合いをおびて語られるわけであります。その川原先生を通してのハイデッガーの動物論から、今度は逆に自然科学的あるいは生命科学的な方向へどういうふうなアプローチがなされるであろうかと期待しつつ、お話をうかがっていた次第であります。一方で人間と動物との違いというものを区別しながら、他方で人間と動物とが同行《どうぎょう》といいますか、歩みを共にするということがなされている。ふつうのヨーロッパ思想であれば人間を動物の優位に置く、という考え方が基本になるわけですけれども、ハイデッガーのは、非常に豊かな広がりを持っているという、締め括りをされたわけであります。

このような動物の生のとらえ方は、おそらく自然系あるいは生命科学の方からいろいろな質問、場合によっては批評・批判を受ける余地があるかと思います。私自身も、質問させていただきたいと思います。

中村先生が一番最後に持ち出されてこられた、生物学の中で個というものが初めて問題化し始めて、同時に日常性という問題の次元も初めて生物学の中で問題化し始めた、というお話がありました。他方でこの日常性、これはハイデッガーの思想からしますと、人がそこへ頽落するところ、川原先生が世人と訳されたdas Manの世界です。中村先生がお聞きになった範囲内でハイデッガーの日常性を、中村先生はどういうふうにおとりになったか、後でお伺いしたいと思った次第であります。

それから、川原先生には補足という意味でお願いしたいんですけれども、『荘子』の秋水篇濠梁譚、魚の楽しみの話、これは有名な話とはいえ、詳しくは知らない方もいらっしゃると思うので、この話の内容を紹介していただくとよろしいかと思います。引き続いて、木村先生にコメントをお願いして、それで先に進みたいと思います。

木村　今、お二人のお話についていては、大橋さんが非常に簡潔におまとめ下さったので、私はそのことは致しません。それぞれに持ち味をお出し下さって大変楽しく――というとちょっと失礼な語弊のある言い方かもしれませんけれども――きかせていただきました。

今から質問というような意味も含めて、少しお二人の先生のお話へコメントをさせていただきます。私、実は自己紹介を致しませんでしたが、精神科の医者でございます。二年あまり前に京大の方は退官致しましたが、今でも民間の病院で精神科の患者さんの診察はずっと続けております。

精神科の病気は、身体の病気と違ってほうっておいても命を落とすということは、あまりないんですよね。自殺という大変な例外がありますが、それ以外には、命が危ないということはあまりない。「生命」というと生きるか死ぬかというような「生命」になりますけれど、これをドイツ語でLeben、英語でlifeあるいはlivingといいますと、これはそれ以外に、生活、人生そういう意味を持っていまして、精神科の病気ではむしろそういう意味での生き方、人生、生活が大変脅かされるわけです。

それからもう一つは、「自己」ですね。これはいうまでもなく精神科の病気の中心問題です。自己を確立するという仕事、おそらくこれは動物にはあまりないんだろうと思いますが、人間にとっては最重要な課題で、この本当に人間固有の難問に直面してノイローゼになったり精神病になったりするわけです。だから、やはり、さっき言った生活なり、人生なりの一番底には、生きていなければ生活も人生もない。生きるという基本的な生物一般に共有・共通の問題があって、その上に立って人間が自己を確立していく。私なんかずっと長年そういう問題と取り組んできたものですから、今日のお話もそういう角度からきかせていただいたということをあらかじめ前提として申し上げておかなければいけないだろうと思います。

ですから、今、大橋さんも問題になさった中村先生のお話の最後の方の日常性の問題、これはやはり大変関心を持ちました。というのは、精神医学が問題にする場面というのは、まさに日常性そのものなのです。話を少し、ハイデッガーの方にふらせていただきますと、実はハイデッガーは、人間は大抵の場合に日常の生の中に退落・埋没してしまっていて、本当に実存としての自分自身を自覚していないというとらえ方をするんですけれど、実はその日常性の中に埋没出来ているのが、我々健常人あるいは正常人といわれる人たちの特権というか能力なのです。それに埋没できないで苦しんでいる人たちを私なんか診療しているわけなので、だから日常性というのはとても大切なものだと私は思っております。

それでまた中村先生の方のお話に戻りますが、自己の問題。十九世紀以来の生命科学的な共通性、それから要素的な因子への還元、論理的・客観的なものの見方にかわって、おそらく中村先生ご自身の非常に強いお気持ちなんでしょう、多様性あるいは、総合的・全体的な見方から個体の唯一性という見方をなさって、そこから自己へ通じてくるというお話をなさった。ここで非常に難しいのは、個体ということですね。これは人間でなくても犬や猫でいいんです。もちろんそれぞれの個体は唯一ですよね。世界中にそれ一匹しかいない。人間ももちろんそのレベルで、私という人間は唯一です。この唯一性と、私が他の誰にも代わってもらえない、ハイデッガーはその場合死ということをよくいいますけれど、人に代わって死んでもらえない、死というのは人間のそれこそ最も自分自身の自分だけのものだとハイデッガーはいうんです。

私は哲学者ではないからあまり大きなことは言えませんけれど、その場合の唯一性と個体の唯一性のあいだにはやはりかなりまだ開きがあるように思うんです。自分は他の人とは違うんだという自己意識に取り込まれた唯一性というか、交換不能性がありますね。例えば一卵性双子の場合。おそらくこれも厳密にいってどうなるのか私も自信がありませんけれど、遺伝子レベルでいえばおそらく同一の個体とみなしていいと思うんですね。しかし皆さんも一卵性の双子をお知り合いに持っていらっしゃる方は、よくご存じでしょうが、それぞれがはっきりと自己意識を持っています。俺はもう一人のかたわれのあいつとは違うんだ、俺は俺なんだという非常に強烈な自己意識を持って自分の唯一性を主張する双子があります。この唯一性と個体の唯一性はちょっと違うんではないか。その場合、ずっと人間が生きてきた人生という意味での歴史、たどってきた歴史が違うということが、非常に大きいんではないかと、私自身は感じております。そのあたり、なにか中村先生にお考えがあったら、お聞かせいただきたいというような気持ちを持っています。

それから、川原先生に一つお尋ねしたいのは、川原先生には非常に忠実にハイデッガーの議論をご紹介いただいたので、これは川原先生ご自身のお考えとどうなのかということもございますけれども、有機体の本質概念のあたりのところでちょっとお話し下さい。

私はハイデッガーはごく初期の『有と時』、『存在と時間』のことしかあまり知りませんけど、ハイデッガーはあの本では、人間の存在の仕方、現存在を手引きにして存在論をやっていますね。それで人間の存在、特に道具的世界の中にいる人間の存在ということで、それぞれの道具が、例えば机というのは紙をのせるもの、本をのせるもの、それで本というのは読んで知識を得るものと、どんどんそういう何々のためのというのが一つのつながりを持って全体を、そして一番その最後に自らの存在がこれらにとってのヴォルム・ヴィレン Worum-willen であるということ、つまり人間が存在することそのもののためにというのが入りますよね。目的論とは少し違うのでしょうけど、一種の目的観の含まれた繋がり、それを手引きにしてハイデッガーはおそらくそこで世界内存在というものを考えたんだろうと思います。今日のお話でもその一番最後の方の木食い虫、啄木鳥、リスというような繋がりは非常によく似た構造だろうというふうに私は拝聴したんですけれど。

ハイデッガーは「生命」というのは動植物だけに使い、「自己」というのは人間だけに使うというお話が最初にありましたが、もちろん人間の「〜のため」という道具的な連関も、人間が生きるためにそういう道具を使うわけでしょうから、やはり医者の立場でものを考えると、それこそ目的を除外して「生命」を論じるというのは自己矛盾だろうと思うんですね。生きるために何かの営みをやっているのが生命ですから、どういう文脈・意図で、この動物論の中で目的性が排除できるのか、ハイデッガーがそれについて何かもし言っていたらお聞かせいただきたいと思います。

それともう一つ、これは実に簡単なんですが、やはりハイデッガーの見方は、キリスト教的な人間中心主義、人間と動物との間にはっきりどっかで線を引いた見方なんでしょうね。私はどうもそういうふうにうかがいました。川原先生は仏教の方のご出身でもあるようですけれど、仏教的な見方とはやはり少し違うのかなとも思いました。

大橋 それでは、中村先生にお答えいただいて、引き続いて、川原先生お願いします。

中村 今、後悔しています、ここへ来たことを（笑）。そんな難しいことを訊かれても私にはわからないというしかないのですが、努力をします。まず大橋先生、木村先生のおっしゃった、日常性ということです。川原先生のお話では、世人への退落だということになりそうですけれども、私が申し上げた意味はこういうことです。川原先生のお話を間違ってうかがっているかもしれませんが、先生は「ぞろりと有る」、「ぞろりと有るところから出発してはいけないんだ」とおっしゃいました。それは私の言葉でいえば、DNA研究から明らかになった生物の基本はみな同じだという事実はすばらしく、そこにある種の解放感をもつのは当然であり、また評価できるけれど、そこで満足してはいけないということなのではないかと思いました。一度その解放を知ったうえで、更にその共通性をつきつめていくと今度は唯一の個まで見えてくる。そこまで見えると単なる解放感でなく、緊張感が出てくるのです。ハイデッガーには叱られるかもしれませんがそのような受け止め方をしました。

また動物の中に或る種の豊かさを感じるということもおっしゃいました。私が申しました日常性というのはむしろ、そういう「ぞろり有る」というところから抜け出して、実際に個々別々、多様に有るではないかというところへも入り込んで、そして尚かつ、自分もその中の一員として有るという状況をもう一度DNAをもとにして考え直してみたときに、初めてまた日常性が浮かび上がってきたという、そういう日常性なのです。ここでおっしゃっている世人というのは、私の立場からいうとDNAとしては皆同じだというところで満足している人間のように受け止めました。私が大事にしようとしている日常性というのは、むしろあとからおっしゃったその豊かさ、動物が持っているすべてその中にある豊かさまで見通す、そういうものを実感する、それを体感しようとする、そういうものを私はむしろ日常性という言葉で申し上げたつもりなのです。

ここで私が日常性にこだわるのは、二十世紀の学問のありようが日常性と離れたために、私自身学問の中に身を置くことが社会人としての不安定を強いられてきたからです。とくに科学の場合、その成果が科学技術として性と関わり合う……関わるという程度のものでなく、人間の価値観にまで影響するわけです。ところが、科学技術の持ち込む価値観は、機械論的で効率第一、生命とは程遠いものなのです。私の中で生きものとしての日常と学問とが分裂している状態は、納得できない。生活する人間としての私と、学問する者としての私の分離が気になっていたのです。そこで、ゲノムに到達した時に、これで両者をつないで考えられるということでホッとしました。もちろんつながるために、たくさんの問題が生まれ、それを解決しなければなりません。体外受精、クローン技術による家畜の生産などどれも日常であり、また学問の問題ですから。

それから、木村先生がおっしゃった個体は自己ではないだろうというのはまさにそうです。ですから、今日は「自己」というテーマを与えられながら、自己から逃げていたことにもなり、申し訳ありません。ただ、私が

「自己」に切り込むための準備として最も大事にしたいのは、これも哲学の方にはそんなことはくだらないといわれるかもしれないのですが、生き物の歴史性ということなのです。

そこには二つの時間の流れがあります。一つは生命全体としての歴史性です。四十億年の歴史です。それからもう一つは、個体としての歴史性がもちろんあるわけです。その歴史性の中にも二つあって、個体発生は系統発生を繰り返すという言葉でいわれるような意味のゲノムの中に歴史が込められていて、それを個体の時間の中で解きほぐしていくという意味の歴史性、そこまでがゲノムの守備範囲なのです。それに加えて個体から生まれ、生きていく間に、まさに環境との関わりの歴史がある。それは主として脳の働きがそれに非常に大きく関わりあっているだろうと思うのですが、まだそこはほとんど解けていないので今生物学的には確かなことは語れないのです。ゲノムとして個が解きほぐしていく、この一生という間の時間・歴史性、その中にもちろん環境との関わりで作り上げていくものがあり、その絡み合いがおそらく自己と呼ぶのにふさわしいものなのだろうと思います。

科学という学問は、ずるい学問でして、哲学のように正しい答えを求める学問ではない。仮説を立ててそれを実証していくことのくり返しであり、おかしな言い方をすれば誤りの積み重ねが答へとつながっていく学問です。したがって必ず、これまでの積み重ねの上に、当面次のテーマとして最も重要なものは何かを探して、自分が持っている方法論を用いて解いていく学問なのです。科学は真理を追究するといわれますけれども、真理ではなくて、具体的対象と方法論が存在し、当面解けるものを解いていきます。そしてそれが必ず次の問題を提起するので、また次の段階へ進むというのが科学の特徴なのです。ですから、今、私が出来ることは、生命体としての歴史性、それからゲノムが読み解かれていくときの歴史性の上におそらく自己が乗るであろうというそこまでのところです。自分の言葉でそこまで言えるところまできたというのが実状なので、その先どうなんだと言われると、分かりませんと言うしかないという、答えにならない答ですがお許し下さい。

ただ、次の段階として私が興味を持っているのは歴史ですから、たくさんの偶然の積み重ねですが、その中で残り得るものと消えるものがある。そこになんらかの基本ルール、別の表現をすれば構造があるだろうということです。そこから自己につながるものも見えてくるかもしれません。もう一つは脳の発生です。心臓、肝臓などは出生前にでき上がりますが、脳は生まれてから後にもできていく。その過程は、まさに自己を創りあげていくことと重なるでしょう。脳のでき上り方を追う研究は、今始まったばかりです。

大橋　ありがとうございました。川原先生。

川原　『荘子』という本の中に、秋水篇の一番最後のところだと思いますけれど、濠という川に、橋がかかっていて、その橋の上を荘子と友達の恵子とのふたりが歩いて散歩している話があるんです。ハイデッガーはその話がとても好きだったんです。ハイデッガーの書斎とかそういうところで何人かの人が集まって歓談をしている時に、ハイデッガーはよく書斎へ行ってその『荘子』という本を持ってきて、それを読み上げたんですね。もちろん独訳です。（この独訳は多分『我と汝』を書いた、哲学者マルティン・ブーバーの翻訳だと思います。マルティン・ブーバーという人は、若い時には、語学が随分出来たみたいですね。中国語がちゃんと出来たんだって、驚くべきですね。多分、マルティン・ブーバーの翻訳を持っていったんだと思うんです。）それで、客たちが歓談をしているところで、読んだんです。こんな話です。

橋の上を歩いていたら、鯈《はや》という魚が楽しそうにすいすいと泳いでいたので、荘子が「魚が楽しそうに泳いでいるね」と言ったんです。そしたら友達の恵子が、「あなたは魚でないのに、魚が楽しんでいることがどうして分かりますか、そんなはずないでしょう」そう言ったんです。そしたら荘子は、「君は僕でないのに、僕が魚が楽しんでいるということが分からないということがどうして分かるのか」ときいたんです。そしたら「そうです。僕はあなたでないのだから、あなたが魚が楽しんでいることが分かっているか分かっていないか僕には分かりませんよ。あなたのおっしゃるとおりですよ。だけどその同じ理屈で、あなたは魚でないんだから、魚の楽しみは分からないはずでしょう」とそう言ったんです。そしたら、荘子が「もうへ理屈はやめよう。もとへ返って考え直そう。君は僕が魚の楽しみを知っているということを既に知った上で、どうしてそんなことができるんですか、っていうふうに訊ねているんだ。僕は魚の楽しみを濠の橋の上で知ったんだ。」そう言ったんです。はい。何遍読んでもそう書いてあります（笑）。

それで、マルティン・ブーバーの訳を持っていって、ハイデッガーがにこにこしながらそれを読むんですね。そしたら、聞いている来客たちがにこにこ、にこにこと最初は笑うのですね。そしてハイデッガーがその話を読み終えると、みんなう～んと考え込んじゃったというんです。ペツェットという人がそういうふうに書いています。あの、こちらは京都ですけれども、湯川秀樹先生もこのお話について短い文章を書いていらっしゃいます。わりあいによく知られた話です。

大橋　川原先生、蛇足なんですけれどもね、ブーバーの訳を僕も見たことがあるんですけれど、『荘子』の原文で魚が遊ぶ「遊」という字、ユウという字が二回でてくるんですけれど、ブーバーの訳にはシュピールという語が出てこないんです。荘子の思想では「遊」が重要な意味をもち、あちこち出てくるんですがこの「遊」という肝心な言葉がブーバーの訳には出てこない。大まかに文脈を訳して、キーワードは訳し落としたことになります。しかしハイデッガーは、「遊」という言葉を使わずに、動物と人間とが始めから通じ合っているというそのあり方を見ました。そのあり方がおそらく「遊」という漢字でもっとつっこんで考えられるかなというふうに思うんです。

川原　この荘子のお話でハイデッガーが言いたいのは、僕はさっき人間が会得して受け取る（vernehmen）という言葉遣いを致しましたが、「人間の私がある（ここにいる）」というのは世界に向かって開けていることだということを荘子から習いたいのではないでしょうか。

木村先生がお訳しになったメダルト・ボスというスイスの精神病理学者とハイデッガーとの対話ですね、あるいはメダルト・ボス宅で、精神科のお医者様たちの前でハイデッガーが行なったゼミナールの立派な翻訳があるんですけれども、先生、五、六年前ですね、あの翻訳。それの一番最初のページの裏ですから、二ページ目になりますかね。そこに、（ハイデッガーは時々図を書くんですけれど）人間のダーザイン（現有）についてハイデッガーが図解してる。ハイデッガー自身によるダーザインの図解というのはあの本のあの図だけです。だからとても貴重な図なんですけれどもね。なんでもない図なんですよ。こうでしたか、先生。

木村　はい。

川原　これが一つ、二つ、そして、下に一つ、二つ、三つ。五つ書いてあるんですけれど。それは人間が五人いるということでしょうね、たぶん。だから問題は、自己とはいうけれど、世界に向かって開けている。他の人に対しても、鮠《はや》、魚に対しても。接近通路がちゃんとある。開けているんです。

デカルトが「我思う、ゆえに我あり」と言ったんですよね。それで、「我」から始まって、近代哲学は、自己がカプセルに入っているみたいに何となく思いこんでしまったんです。だけど、ハイデッガーに言わせると、「私は考える、それゆえ私はある」そうじゃないんですね、「私は何かを考える」なんです。それで、その何かというのは世界なんです。だから、人間の自己というのはいつでも世界へと向かって開けている。そういうことを言うために、荘子の物語をみなさんに読んで考えさせたんじゃないかなと僕思いますけど。こんな図ですよね、先生。貴重な図です。開けているんです。

先ほど僕は動物のことを申しましたけれど、動物は抑止解除の輪で囲まれているんです。こういうふうに蜜を吸って、帰って、巣を探して、ずっとこうなっているんです。だけども先ほど言いましたように、この輪でもって他のものと関係はしているんですけれど、動物は世界と関係しているわけじゃない。いいとこまでいってるんだけど、ううん残念！というところが（笑）それが世界貧乏ヴェルトアルム（weltarm）なんですよ。あれを世界「びんぼう」と読むと（笑）なんか変になりますから、世界「ひんぼう」と読んで下さい。

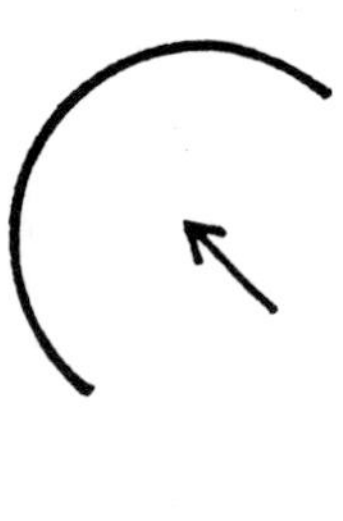

そしたらこれで分かるじゃないですか、世界貧乏なんですよ。これでずっと、ここへ刺激が来ますよね、刺激が。その刺激を自分流に受け取る、あるいは全然はねつける。とにかく自分の中で処理しちゃうわけです。ですから、いいところまでいってるんだけど、動物には、やっぱり世界は開けていない。ところが人間はいつでも世界に向かって開けている。そういうことです。

それで、自己っていいましたけれど、木村先生、その自己はこの図でどのへんでしょうか。

木村　うーん、困ったな。

川原　先ほど木村先生は死ぬという問題を出してこられましたね。それです。ハイデッガーは、人間は大抵の場合、自己なんかじゃない、と言うんです。大抵の場合、das Man。世人。「誰でもない誰か」、「誰でもある誰か」、ミスターエブリマンなんだって。自己なんかじゃないって。本当の自己というのは、先ほど木村先生がおっしゃったように、死ぬという最も自己的な、他の人とは無関係な、確実な、しかし不安な、そして追い越すことの出来ないこの可能性ですね、それに直面する、(実はいつでもそれに直面しているわけです)そこで人間本来自己になりうる。だから、自己というのは、これは大橋先生に聞けばはっきりするんですけれど、これは、自己というのは——難しいですよ(笑)。

自分はこう考えるなんて言いますよ、お話では。だけど大抵、新聞に書いてあるか、テレビで聞いたか何かですよ。本当の自己に出会うなんてことは難しいことです。ハイデッガーでなくたってそうです。だから、本当の自己というのは、やはり人間の現有の本来性ですよね。『有と時』の中ではゾルゲの本来性だというふうに言われています。東洋でもそうじゃないですか。仏道を習うというのは自己を習うこと、自己を習うというのは自己および他己の身心を脱落せしめること、と言うんですから。だから、真剣にものを考えた人は洋の東西を問わず、人間に自己がないとはいいませんよ、あることはあるけど、それは大変なことなんだって説いている。

高野山なんて僕はたった三年しかいなかったんですから、弘法大師のことなんかよく分かりません。でも弘法大師だって道元禅師と同じようなことを言っておられます。「如実知自心《にょじっちじしん》」と言ってますよ。実の如くに自分の心を知るってね。（心は別に問題ではないんですよ。問題は自己です。）そしてその自心ていうのが、それは本来空だって言ってますから、もう処置なしですね、これは（笑）。でも、「大日如来のみいまして無我の中に大我を得たまえり。」これは大日経の中にある言葉ですけど、弘法大師が書いてらっしゃいます。だから、自己というのはそりゃ難しいですよ。これは大橋先生のむしろご専門ですよ。それから……、もうやめておきましょう（笑）。本当いうと目的論を答えなくっちゃね。でも後にします。

大橋　川原先生のお話をうかがっていると、司会する勇気もなくなってくるくらいなんですが。中村先生と川原先生のお話がこれからいよいよ脂がのってくるところで、フロアーの方でこれは聞いておきたいとか、ご質問がありましたら承りたいと……。じゃあ、お二方。

質問者1　中村先生のコンテキストにインテンシブですか、突然変異なそういうことはどう関係するのか教えていただきたかったのですが。

中村　変異にかぎらないのですが、ゲノムが変わるということの意味は重要です。「変わる」ということと「変わらない」ということがみごとに組み合わさっているのが生きものです。生き物の基本はさっきもいいましたように、犬の子は犬、猫の子は猫として続いていくことです。その基本には「変わらない」ものを繋げていくのが一番大事なこととしてあるわけです。DNAについて生物学者が非常に感動しましたのは、そのDNAの構造、この頃みなさんよくご存じだと思いますけれども二重螺旋の構造の中に、自分自身をいかに見事に保ちつなげていくかというメカニズムが組みこまれていたことです。それが単なる物質の中に入っていたので、生物学者は感激したわけです。ですから、その構造は美しくさえ見えます。それ故に、「変わらない」ということにウェイトが置かれて、「変わる」ということは今おっしゃったように突然変異というような、突然変なことが起こるというふうな見方をされていたのです。けれども、実は変わったものを排除してしまっては生きものらしいことは何も起こらないわけです。進化など決して起きません。そこで私は最近こう思うようになりました。DNAのあの構造の一番見事なところは、変わったところも、変わらないものと全く同じように繋げていくことであると。そういうことによって、生き物は出来てきた。DNAは〝同じもの〟を作る、つまり複製を基本にしていますが、DNAの中に変化が起きても、それを忠実に複製するのです。ですからそこには新しいものが生まれます。もちろんその多くは、うまく生きていけないものになる危険はあるのですが、その危険なしでは新しいものは生まれません。そういう位置づけをいま、私はしています。かつては、DNAが変わることを、変なものが出来てしまう、変わってしまうというふうに位置づけて、よくそれを「間違い」といっていたのですけれど、今では逆の見方をしています。

大橋　それじゃ、次のご質問。

質問者2　中村先生に。個体性と日常性というのは確かに現代の科学の欠落した部分で、そこが手に入ったとお喜びになっているという気持ちはよく分かるんですが、あれは方法論的にどんなものですかというのが実は今とっても聞きたいことなんです。それはかなり今日のテーマと離れてしまうので、ただ個体性の確立ということが、自己というもののひとつのステップなんだというところで、今日の話は大変有意義だったと思うんです。

実はこの質問は木村先生に対しましてで。先ほどの話で大変興味深かったのが一卵性双生児の話です。一卵性双生児は強烈な自己意識を持つんだというところが、今日の「自己」というテーマの本質の部分をついていると思うんですが、私の考えでは一卵性双生児は、他者というものを生まれたときから突きつけられた人なんですよね。ですから、他者というものを突きつけられた人間がそこまで自己というものを意識してしまうというようなことが問題なのかというところで、実は中村先生の話に、今日、免疫論的な自己と他者という今の流行のテーマが関連してお話になるかなと思っておりましたところもありまして、自己とセットになっている他者の話について少しコメントいただけたらと思います。

木村　はい、難問中の難問なんですよね。しかし、今おっしゃった通りでありまして、一卵性双生児が強烈な自己意識を持つのは、自分ともう本当によく似た、生物学的にいえば、いわば自分のコピーといってもいいような相手と一緒に育ったからだろうと思います。それこそよく似た他者を突きつけられて。

しかしそれで分かりますように、これ中村先生への一つのコメントになるのかもしれませんが、そもそも人間同士は双子ほどよく似てなくてもいいけどかなりよく似ていますよね。多様性は確かにあるんだけど、人間は人間同士をちゃんと見分けて、愛しあって子供作っていくわけです。そういう自分とよく似た他者と向かい合わなければ、自己は自己にならない。西田幾多郎という人は「個は個に対してのみ個である」というような言い方を致しましたが、まさに自己の個体性・唯一性というのは、同じく唯一な個体であるところのだれかと向かい合って対しあったときにしか出てこないようなもので、それが自己の歴史を作るんだろうと思っています。

中村先生が、犬は犬からしか生まれない、猫は猫からしか生まれないというようなお話をなさいましたが、私は、その前に犬は犬同士しか、つがわないといえると思います。犬が犬を生むためには、犬同士愛し合わなくては犬が生まれません。猫が猫を生むためには、猫同士がカップルにならなければ猫は生まれない。そうやって犬は犬同士、猫は猫同士、あるいはアリはアリ同士、ハチはハチ同士で互いに相手を見つけて、一緒に群れる。人間は人間同士でお互いに人間の社会、共同体を作る。どうもそのところ、生命の神秘の一つというのかな、日常性とかハイデッガーのいっているdas Manも、要するに私はその一つのあり方だろうと思うのです。社会生活になかなか参入出来ないで困っている精神科の患者さんの自己の問題を扱っていると、すぐそういう発想が出てくるんですよね。自己の形成にとっての他者の重要性というか、やや生物学的な表現を使いますと、同種個体でつくる集団の重要性というようなものをしみじみ感じているところなんです。

中村　生物学的な自己の場合、他者というところから、例えば免疫のようなものを例にして話をすべきだという御指摘はよくわかるのですけれど、私は敢えてそれをしませんでした。木村先生のお話の一卵性双生児の場合、生物学的に見れば同一なので臓器移植をしても拒否がないということですが、この二人はそれぞれ独自の自己を持っています。自分とよく似た他があって初めて自己があるというお話とも結びつきますが、免疫もその中の一つであり自他を区別する絶対のものではありません。生きものというシステムは開いているということと関係があると思うのですが、免疫システムをみての自己と他は、ある一面しか捉えられません。生命システムは入れ子になっているわけで、自己が難しいというのは、入れ子になっているものをどう見るかということだろうと思うのです。自分の中に他があるということがたくさんある。自己と他は明確に分離していません。

川原　ロシアのお人形みたいに。

中村　マトリシカのように重なっているところもありますが、それだけではなく、ともえみたいになっていて、ある時自己だったと思うと、ある時他になったりということがあるわけです。物質的に言えば、昨日の私と今日の私は違っているわけですが、その中で私は私としてある。それを決めるものは何か。分子レベルでの自己と他は、まったく無視しても大丈夫なのかという問いがまだ残っています。また、例えば昨日まで自分の細胞だったものが今日他になるというのはいくらでもあるわけです。癌はまさにそうですね。自分の細胞だったものがある時、まさに他的になる。他者かどうかわかりませんが、他的にはなりますね。勝手にふるまって、ついには私を死に至らしめるわけですから、単なる他というより敵にもなる。免疫も自己免疫があり、まさに自と他は入り組んでいます。

このように、あらゆるレベルで自己と他を完璧にわけられないということが、調べれば調べるほど分かってきているのが、今の生命科学です。そういう意味では川原先生のおっしゃるように自己というのはわからないねというのでつい終わってしまうわけです。免疫で自己と他を語るのも一面にすぎませんし、それが自己の中で最も強烈なものかと言えば、そうでもないと私は思っています。

大橋　問題が再び自己と他者になってきました。現象学的な問題も入ってきておりますが、まだ少し時間があるようですので、フロアーからあと一つ二つご質問があれば……。これは沢山の手が上がっていますね。そうしましたらですね、質問をとりあえず三つ四つ連続してうかがいます。おそらく質問の中に連関があると思いますので。

質問者3　中村先生にお聞きしたいんですけれど、ゲノムについての幼稚な質問なんですけれど、僕よく分からないんですね。実体としてはあるんだけれども概念としてもあるなんて言われるんですが、人としてのゲノムという話をよくしてますけれども、人というのは脳が集まったり、筋肉が集まったり、各器官とか組織とかありますよね、そんな筋肉のゲノムとか、肝臓のゲノムとか、脳のゲノムとか、そんなものはあるんですか。

中村　基本的には、一人の人を構成する細胞のゲノムはみんな同じです。ゲノムとしては同じものがあって、それが脳細胞では脳の機能を支える形ではたらいている。心臓では心臓として機能している。具体的にはその中に入っている遺伝子のどの部分が、どう働いているかということですが、物質としては全く同じもの（もちろん一生の間にそれぞれの細胞の中でのゲノムにはほんの少しの差は出ますが）が、はたらいています。脳の中に入っているものも、心臓の中に入っているものも、筋肉の中に入っているものも。

質問者3　なんで同じものが脳になったりとかするんですか。

中村　ゲノムの中に遺伝子が三万から四万個位入っているのです。そのゲノム全体のどの部分がどう働くかということが、脳の場合、心臓の場合、筋肉の場合と違うわけです。ゲノムとしては同じだけれど、どう機能するかはそれぞれの場で違うわけです。それによって脳は脳、心臓は心臓、筋肉は筋肉になる。それが面白い。生物学の最も面白いテーマの一つがこれで、この問題が解けると、生きものの姿がもっとはっきり、つまり日常私たちが眼にする姿としてわかってくると思います。

大橋　それでは質問が他に沢山ありますので、目についた順番から。おそらく哲学、宗教学の方が続いておられるので西川先生と川村先生ですか。連続してお願いします。

質問者4　今の時代、中村先生がおやりの学問というのは非常に進歩して、生命というのはある程度自在にコントロールすることができるようになってきているんじゃないかと思うんですね。これ以上やってはいけないということで現代生物学において、倫理観の方から人間はここまではやってはいいけれども、これ以上やってはいけないというような、補正といいますかブレーキに、今日同じようにやりました哲学の方からはそういうハイデッガーのような人間中心主義で、そのブレーキとなりえるのか、ということをお聞きしたいんですけれど。

大橋　それではお答えいただく前に、あとお二つほど続けて質問をいただきたいと思います。

質問者5　私、哲学をやっておりまして、シェリングとか、二十世紀ではホワイトヘッド、そういう人を読んでまして、前から気がかりなんですが、近代科学は今日中村先生がおっしゃったように、要素への還元主義をとりますね。

中村　それが今変化しつつあると申し上げたつもりなんですが。

質問者5　機械論的ですね。前に先生の本を拝読しまして、「DNAからゲノムへ」というその下りを拝読したとき、非常に興味深く思えたんです。どうしてかといえば、その要素還元主義から離れて、ひとつのホリスティックな見方をとられる。そうなりますと木村先生がちょっと先ほどお触れになりましたけれど、内的な合目的性の原理を認めていいのか、認めないのか、近代の三要素は合目的性の原理を目のかたきにして退けると思うんですが、二十一世紀はそこまで目的論を退けなくても、もっと素直に目的のところに、生き物を扱う場合は内的な合目的性の原理を見直してもいいんじゃないか。DNAがひとつの全体としてまとまっていてゲノムになる。DNAのいわばアンサンブルがそこに出来るとなれば、それに内的合目的性の原理を取り入れざるを得ない、あるいは見直さざるを得ないんじゃないかということ。それがひとつ。それから、川原先生にハイデッガーの場合、先ほどもご指摘ありましたが、なんかやはり人間は偉いという……

川原　そんなことないよ。知っててあんなこと言ってんの（笑）。

質問者5　動物たちの自己抑制解除の輪ですか、これが絡まってますね、絡み合って生態系はあるわけですから、それはよく分かる。そこからハイデッガーは自然への畏敬のようなものをみてとったという。一方で人間は大したもんだと、動物はヴェルト（Welt）世界を持たない、人間のみ世界があると人間優位の思想を持ちながら、一方でそういう動物、自然への畏敬の念がどうしてでてくるか。

大橋　自然への畏敬がハイデッガーでどこから出てくるかというご質問の趣旨ですが、あとでお答えいただくとしまして、ついでにもう一人の質問者から伺います。

質問者6　川原先生にご質問させていただきたいと思います。宗教哲学とかキリスト教、仏教に関わっておりますので、ぜひ簡単にご説明いただけたらと思うんですが、生きている自己というものと、それからハイデッガーが、

川原　ちょっと待って下さい。生きている自己？

質問者6　はい。仏性といいますか、無性であるようなそういうものを生きている……

川原　あのね、自己は生きているだけじゃないんです。

質問者6　はい、そういう自己と、ハイデッガーの考えております、今日お話にありました自己と、その間になにか非常に根本的な相違があるかどうか、そうお考えになっていらっしゃるかどうかを、あるいは全く連続的にどちらからどちらにとか、その関係を。

川原　正確に言って下さい。

質問者6　はい。仏教で考える自己とそれからハイデッガーで考える自己と、そこをなにか断絶をお考えでしょうか、連続でお考えでしょうか、という決定的な違いをご説明いただけたらと思います。

大橋　あと後ろの方の質問をどうぞ。

質問者7　あの川原先生に質問ですが、動物は自己衝動によって世界から触発されてそのあと……。

川原　自己衝動じゃないよ、自分衝動。
質問者7　はい、それによって自分で勝手に世界を作り上げてしまう。その世界の中で生きているとおっしゃっいましたですね。
川原　僕が言ったんじゃないよ、ハイデッガーに書いてあるって言ったんだよ（笑）。
質問者7　それは独我論的世界ですね、動物に独我論なんて言葉使うのがおかしいかもしれませんが。
川原　そう、独我論なんてまた意味がずれていくんだから。
質問者7　ところが、人間の場合も、自分の利害関係から勝手に世界を歪めて捉えるという可能性はありますね。つまり、世界とそのまま向かい合わないで、自分の作ったイメージの中で生きていく可能性はありますね。その場合、例えばどのようにしてみわけるかということなんですが……例えば動物の場合でもコミュニケーションが可能ですね。それが動物の場合だったら、世界に対する形式を共有しているからコミュニケーションができるけれど、世界と向き合っていないといえますね。ところが、人間の場合、それを考えてみると、人間も仮にコミュニケーションが出来たとしても、それは単なる歩いて地域に通じる文化・時代とか、ある限られた時代と地域における文化を共有しているからコミュニケーションができるだけで、もしその場合でしたらね……。
大橋　ちょっと質問を短くして下さいませんか。
質問者7　その場合でしたら、広い意味では、人間も世界と向かい合っていないんではないかと、そこをどのようにして見極めることが出来るか、それが自己との関わりがあるのかということをお教えいただきたいと思います。
川原　正確に言って下さい。
質問者7　すみません。つまり人間の場合も単に文化を共有しているだけでコミュニケーションが出来たとしたら、その場合は世界とは関わっていなくて、共有している勝手なイメージの中で関わっていると考えられますね。で、それを見極めることができるのか、そういうことが自己とどんな関わりがあるのかということをお教えいただきたいと思います。

大橋 他にいろいろとご質問があると思うんですが……。

質問者8 一言で終わります。いいですか。

大橋 はい。

質問者8 中村先生に。ゲノムによって個ということと日常性が科学のテーマとして出てきたということを言われたと思うんですけど、その日常の中でゲノムっていうのを直接実感するとか、自覚するとかそういうことはできますかという質問です。

大橋 それでは一応質問はこれで打ち切らせていただきまして、中村先生へのご質問と川原先生へのご質問とほぼ二種類に分かれておりますので、まず、中村先生。川原先生へのご質問は随分と大きな内容を含んでいました。

中村 まず、ゲノムを日常で感じるかということです。ゲノムの実体はDNAですから、日常人間の目で見ることは出来ません。しかし、ゲノムのはたらきは犬とか猫とかとしてそこに存在している形で見えてきます。自然界の中にはゲノムはゲノムとして存在しているという意味での日常性です。私は、毎日ゲノムのことを考えているので日常の生きものの動きが、ゲノムのはたらきとしても見えるのです。こういう場でゲノムのお話をする目的は、細かい知識を理解していただくためではなく、この感覚を共有していただきたいからなのです。私のこれまでの体験では芸術家が一番よく共有して下さる。とすると自然を見つめる、そこに美しさを見るということが、一つのゲノムの日常性を知る道かもしれないと感じています。

それから合目的性を取り入れるか。私はあまりそういう難しいことを普段考えていないものでよく分からないのですけれども、少なくとも私は何々論というのを自分の中では作らないことにしていますので、目的論では考えません。生命体は合目的性を持っているかどうかといわれれば、まだよく分かりませんけれども、結果としてうまくできているものが存在しているということなのではないでしょうか。今私が具体的な研究対象としている現象は、進化と発生と生態系です。ゲノムがもつ自己を創出する能力が具体的にはこのような形で現われ、そこに今の問いへの答があると思うので。先ほどダーウィニズムの話がありました。ハイデッガーは七十年代で亡くなってらっしゃるので少々古い生物学で語っています。今は進化はゲノムの中に、本来変化をするある種の構造というか、力というか、そういうものがあって、それが変化をおこして、一つのシステムを作る。それが表現型として外との関わりの中で生存がきめられていくというふうに考えています。

進化の歴史を追っていくと、植物でいえば、ある時花の咲く植物が出てくるとか、動物ですと、カンブリア紀という時期に様々の動物が爆発的に出てくるとか。進化は連続的に見られるのではなくて、ある時表現型として見えることがあります。それを調べていくと、実はその前にゲノムの変化が蓄積されているのです。

しかしその蓄積はでたらめではなくて、ある方向があって蓄積されています。ある方向があると言えるのは、全く違う場所で全く同じような変化が蓄積されていることが分かってきているからです。私どもはそれを「平行放散進化」と名づけました。地球上のあちこちで同じことが起きているとすると、それは内的にそのような方向があるとしか考えられません。

そういう変化が起きていますので、おそらくゲノムの構造の中に或る変化をしていく基本的な構造があるだろうと今予測できます。まだ、それは解けていません。それはこれからゲノムを全部分析したり、一つ一つの機能を調べたりすることによってわかってくるでしょう。私たちが知りたいのは、その構造です。今、ゲノムについて私たちができていることは、あいうえおという文字を読むことで、それが日本語なのか何語なのかもまだ分かっていない。けれど、その中に或る種の文法があるだろう、その文法をたどっていくと、例えば言葉がどんどん変化していくように、その文法の中でそれぞれがどう変化していくだろうということが、或る程度見えてくるだろうと期待しています。どんなに変化しても日本語が日本語であるように、バクテリアもヒトも共通のところをもつ生きものである。ゲノムの研究からそういうことを見ようとしています。

だから、昔の生気論のときの生命力というようなものとは違いますけれども、今改めて中にそういう変化の方向性みたいなものが構造的にあるだろうということが予測できていますので、それが合目的性とおそらく関わり合っているだろうと思います。ですから、私は目的論とか論を立てるつもりはありませんけれども、ゲノムを丁寧に解いていったら、私たちが日常、生き物の中に見る合目的性の裏にあるのは何なのかというのは、おそらく解けていくだろうと思っています。

大橋　ありがとうございます。川原先生に今からお答えいただくわけですが、川原先生どっちみちですね、今から懇親会がありますし、そのお時間を念頭に入れていただいて、一言二言でお答えいただいてもいいし、あと二、三分使っていただいてもいいです。懇親会の時間フルに使っていただくという前提でお願いしたいと思います。

川原　あのね、全部さっき実は正しい言葉遣いでちゃんとお話ししてあるんですけれどね、でもやはりすれ違っちゃうんだね。有の様式、存在の仕方という言葉を私は何度か使いました。人間と動物とは存在の仕方が違うんです。だから「生命」を考えて、そいつに理性なんかを付け足したらそれで人間になる、のではないんです。人間のあり方は「ダーザイン」で、動物のあり方・植物のあり方は「生命」、これはあり方が根本的に違うんです。それをちゃんと認める。その上で動物はどうか植物はどうかと、こういうわけなんです。それで人間はどうかとこういうわけです。

それから目的論というのは、これは大橋先生に聞いた方がずっとよく分かるんだけれど、カントの『判断力批判』にちゃんと目的論についての説があって、それ以来ずっと今日に続いているんです。人間の体って良くできていますよね、実際。人間の体でなくても、植物でも、動物でも、良くできていますよ。造化の妙ってよく言うじゃないですか、東洋でも。なんか神様か仏様がそういうふうにして下さっているみたいに思いますよ。だけど、さっき僕言ったでしょ、そういうこと言い出したらそれで、すべておしまいになってしまうんです。だから、そうしないで、日常的な現象を解釈していって、そして日常的でない本質的なところへ到達しなければいけない。それが現象学だと、そういうんです。（目的論はせっかちすぎる説明であって、現象学的解釈ではないのです。）

あの懇親会があるそうですから。

木村　どうもありがとうございました。本当にこれは一晩かかっても終わらないんだろうと思うんですけれど、そして今のご質問の方々にも十分なお答えがいったかどうか分かりませんが、一応、六時までということになっていたのを、ほとんど三十分近く超過しておりますので、このあたりでシンポジウムを終わらせていただきます。お二人の先生、大変面白いお話をお聞かせ下さった上、ディスカッションでも本当に真剣に取り組んでいただいてありがとうございました。それからご参加の聴衆のみなさん、いいお天気の連休をこういう我々の会のほうに振り向けていただき感謝しております。それではこれで今日のシンポジウムを終わらせていただきます。どうもありがとうございました。

第二部　生と死

第三章　生と時間

ミヒャエル・トイニッセン

本日は、お招きいただきありがとうございます。伝統と文化の都、京都で講演できることを光栄に思います。それでは、まず最初に、ドイツ語の「生」について説明することから始めます。

第一節　生

ドイツ語の「生」にも日本語の「生」にもさまざまな意味がありますから、どのような意味で生について語ろうとするのかをまず説明したいと思います。

広い意味での生は、およそ三、四十億年前に地球に生まれた有機体のことですが、このような生を扱うわけではありません。むしろ、人間の生、人生についてお話ししたいと思います。

しかし、人間の生も多様で、少なくとも三つの層があります。

第一に、有機体としての生があります。これは、植物や動物の生のように、自然の一般的な原則に従っていますから、自然の生ということができます。

第二に、人間にのみ可能な生があります。これは、自然の生が意識されたもの、つまり自覚した生です。これを今日では「実存」と呼んでいますし、普通の言葉では「生活する」「生きる」と呼ぶことができます。生活する、あるいは、生きるとはおよそ日常生活のことですが、理想を担って、少なくとも生活の規範に従って生きることです。

第一の生は生物の生、第二の生は人生の生です。意識して実存する生を歴史的に記すこともできます。生は個人の人生として現われてきますが、それはまた社会生活でもありますから、個人を担う社会の歴史にも、そして人類の歴史にもかかわってきます。

生物の生と歴史の生から、精神の生、精神生活という第三のものが区別されます。つまり、思いに耽って、冷静に考えたり、美しいと思ったりすると、自分自身を越えていく生になります。確かに、自然の生にも実存の生にも越えるものはありますが、しかし、自分自身を越えることはなく、そのつどの現状を越えていくだけです。これとは違って、精神の生は生ではないものを目指しているのです。この違いに注目したのが、十九世紀末の「生の哲学」でした。自然の生も実存の生も絶えず高まろうとするのですが、精神の生は生そのものを越えようとするのです。

第二節　時間

さて、生と時間の関係という本題に移ります。まず、自然の生と実存の生に向かいますが、ここから精神の生をかいま見ることができます。しかし、自分を越えるような生の時間は、精神の生という第三のものからはじめて明らかになります。

人はさまざまな仕方で時間にかかわっています。ごくありふれた外面的なかかわりもあります。時間を直線的なものとすると、ある出来事が他の出来事よりも先に生じたり、後から生じたり、あるいは同時に生じたりします。このとき、時間は一様な点に分けられています。しかし直線的な時間は生のなかには届きません。人間の生は内面的にも時間にかかわっており、この関係には二つあります。自然の生がもつ内面の時間と、意識した実存がもつ内面の時間です。自然の生の出来事がすべて規則に従っているように、人間の自然な存在は増加と減少、成長と衰退という循環の法則に従っています。このような循環は、意識をもつ実存にはありません。実存の生がもつ時間は直線でも循環でもなく、過去、現在、未来へと分かれていくものなのです。この時間に基づいて、人間は歴史的に実存するのですから、過去、現在、未来を合わせて考えなければ、生の歴史（生涯）も世界の歴史（世界史）も考えることはできません。

内面の時間といっても、自然の生と実存の生では違っています。自然の生は自然が定めた秩序に従って前へ進みますが、実存の生は自然が定めた時間を逆転します。実存の生は、つねに未来からまだそうでないものを先取りして、実存のうちに来るべき未来を取り込みます。生は過去、現在、未来の順ではなくて、むしろ未来、過去、現在の順にあるのです。実存している限り、未来へ手を伸ばし、そこから過去を手に入れて、そして現在に戻ってくるのです。未来と過去を総合することから現在が得られ、時間のこのような総合が生涯となるのです。

前へ進む自然の生と、先取りする実存の生をみると、精神の生がもつ時間も少しみえてきます。よく考えたり、思いに耽ると、未来から引き戻されますが、しかし現状に入っていくためではなくて、そこにとどまるためです。考え込んだり、思いに耽ることはすべて、とどまることを前提にしています。確かに、自然と実存からでは、精神の生は従属的なものにみえますし、先立っているはずの未来から自分を取り戻すことのようにみえます。しかし見えるというのは、ただそれだけのことではありません。

第三節　生に現れる死

人間の生は、生まれることと死ぬことの両方にかかわっています。生まれることに関係しているのは、あなた方日本人のほうがよくご存じでしょう。生活、生命、生死などには、生まれるという意味の漢字が含まれています。このような意味がヨーロッパで問題になるのは、ようやくここ数十年のことです。死はそれに比べて、生についての考えのなかに古くからありましたから、死に結びつけて生と時間の関係を明らかにしようと思います。

死は生そのもののなかに現われてきます。人はまだ若くとも死の影のなかで生きていて、自然の生にも、実存の生にも、精神の生にも、死はあらかじめ影を投げかけています。死にかかわらなくとも、たとえ後から気づくにしても、死は近づいています。死によって終わる過程は、実際には生の過程なのですが、自覚をともなっていますから、死への存在であることを知っています。さしあたり、自分を越えることのない生をみてみましょう。このような生には、死すべき運命を意識しているものと、意識していないものがあります。

自然の生のなかで、私たちは日々死に近づいていきます。このような生は、一刻一刻が死であるような、死によって終わる一度きりの生です。死に近づくことと死によって終わることとは、自然の生が外部にもつ時間と内部にもつ時間の違いです。死に近づくとき、人は直線的に前に進む時間に従っていて、これはこの世のあらゆるものが過ぎ去るという人間に特有のあり方です。それに対して、一刻一刻が死であるような、死によって終わる生は、自然の生が内部にもつ時間を表わしています。生まれるとすぐに、自然の生のなかにあるものは死に向かっていて、死によって終わる生もはっきりと意識されてきます。

ところで、年をとることを時間としてみれば、過去は少しずつ増えていき、未来はそれだけ減っていきます。これは、客観的な歩みですが、私たちの生活態度を変えていきます。年をとるにつれて経験を積み、過去の重荷が増えて、未来の余白を狭めていきます。死へ向かう存在は、私たちが前へ進むばかりか死を先取りしながら生きていることを、つまり「未来へ向かって」のみならず「未来から」も生きていることを教えてくれます。前へ進む生は死へ向かう生であり、先取りする生は死からの生です。このことをハイデッガーはよく知っていましたし、確かに、本来の実存は生から死へと、死から生へと戻ってきます。これによって無力な死は力ある生へと変わるわけですが、しかしこの力は無力から出てくるため、無力にとどまるのです。

精神の生も死にかかわりをもちます。私たちは死に直面して自らに別れを告げます。未来のすべてが使い果たされ、存在のすべてが過去へ沈み込むとき、このことを自覚して、生のすべてに別れを告げ、死を受け入れることになります。自らに別れを告げるとは、このように態度を決めることなのです。死ぬことではなく、死を前にしてできる最後のことなのです。私たちは死ぬことを生きているうちに予想することができます。いわば別れを告げつつ生きることができるのです。このようにして、精神の生は死に直面して自らを越えていくのです。

第四節　生を圧倒する死、精神の病い

生きる力がないと生は絶えず危険に脅かされます。精神の病いによって危険に陥るのではありません。正常にみえても、生はすでに危険をはらんでいます。フロイトの精神病理学がいうように、日常の生活は特異な精神の病いへと続いているのです。実存のように強く生きるのでも、精神のように自ら死を受け入れるのでもないとき、生を圧倒する死が現れてきます。例えば、ひどく気落ちしたとき、未来がふ

さがれ、過去に圧迫され、現実から締め出されるように感じることがあります。このとき、死は生を三重に抑圧しているのです。つまり、未来を閉ざすことによって生きる可能性を奪い、過去の重みによって死んだものへと連れ戻し、現在を欠くことによって硬直させるのです。

生のもつ本来の時間が未来、過去、現在へと分かれていくと、生きる力を失った個人は直線的な時間に振り分けられます。時間を総合できなければ、点をつなぎ合わせたようになりますが、これは死を意味しています。生きる力のある人には、直線的な時間は前に進むための手段をなしていますが、反対に、生きる力が尽きるときには、時間はとまり、生は点として並べ置かれます。精神の抑うつとは、このように時間が分断していく過程を表わしています。時間はもはや内部のつながりをもたない、ばらばらに引き裂かれたものとなるのです。

精神的な圧迫は、強迫症状として現われてきます。強迫症には、なにも終わらせることができないという特徴があります。精神的に健全であれば、なにをしても、そのことを未来に持ち続けていることができます。それに比べて強迫症は、すべてを完全に終わらせようとするので、逆になにもすることができないのです。強迫症の患者は、過ぎ去ったものに対して矛盾したかかわり方をしています。つまり、過去から逃れることもできず、かといって過去を引き離すこともしません。過去を生から引き離そうとして、過去にとらわれるのです。過去は死んだもののようにとどまり、そこから解き放たれることなく、支配されたままなのです。強迫症の患者は、なくなるはずの過去をとどめ、過去を思い出して絶えず苦しみます。そして死をあらわにして、死が生を圧倒した威力を描き出すのです。

第五節　精神のなかで思い出される生

死の威力にも圧倒されない精神の生を思い出すには、精神の病いが暴き出す奈落の底をあらかじめのぞき込んだのでなければなりません。それには、未来から引き返してくることも、自らに別れを告げながら生きることでも足りません。死にかかわりあうものだけが、死と張り合うことができます。このことは、現実の生から逃れては決してできませんし、精神が瞑想へと引きこもることでもありません。必要なのは、現実の生を貫き通し、生を死から救い出す精神の生なのです。そのような生をとらえたのが、精神錯乱に陥り、ついには気が狂ってしまったドイツの詩人ヘルダーリンだったのです。

ヘルダーリンは『宗教について』のなかで、現実の生を思い出し「精神のなかで取り戻す」ことで、機械的な関係を解き放つ「人間のより高い生」を構想しました。現実の生は機械的な関係を生み出すだけで、繰り返しは単なる再生産にすぎませんが、思い出して取り戻すときには、現実の生に新しいものを付け加えます。ヘルダーリンは『ヒュペーリオン』のなかでも語っています。人間の生は互いに矛盾する傾向に支配されていても、思い出すことで調和が築かれ、対立が消えます。前もって与えられたものではなく、現にそこにあるものに手を加えて作られる調和は、新しいものを生み出します。こうして、精神のなかで思い出された生は、生以上のものになり、全体をなすことができます。

今日では、ディーターー・ヘンリッヒがこの点を受け継いで、意識された生を支える根底へ達するために全体を見通します。ただしそこでは、意識された生の根底は抜き取られるようにして現われてきます。おそらく根底はまさに抜け落ちることで、生を解釈するための根底として現われてくるのです。私たちの生は見通しのきかない暗やみに包まれていますから、解釈を必要としています。現実の生が葛藤の末に挫折した後にも、無意味なものにも意味を与えて全体をあらわにするように、解釈を与えて暗やみを照らそうとします。私としては、全体から根底への道のりには多くの障害が現われてきて、そうたやすく越えることはできないと思っています。確かに、解釈が現実の生を越えてもよいのかという問題があり、反実証主義的な伝統をもつ日本とドイツの哲学が危険にさらされています。しかし、現実の生はつねにすでに自分自身を解釈することから出発していますので、哲学は現実の生の自己解釈を続けていくだけです。そこに哲学の限界があるのですが、しかしまた哲学のあかしもあるのです。

ご静聴ありがとうございました。

寄川条路　訳

第四章　生と死のあわい

坂部　恵

今日の講演の機会を与えていただきました日独文化研究所の理事長の岡本先生はじめ理事の三人の先生方に最初に厚く御礼を申し上げます。

トイニッセン先生もおっしゃいましたように、私にとっても日本の文化の伝統の中心地である京都で講演することは、大変名誉な光栄なことに存じますし、また大変緊張することでございます。東京はやはり文化果つる地と私は思っておりますし、私の住んでいるところはまた東京の果ての果てで、野猿峠というところのすぐそばですので、こういうところへ講演の機会を与えていただいて、大変光栄なことに思い、できるだけよいお話をするように努めたいと思います。

〈あわい〉——生と死の相互浸透

私の講演の表題は、ご案内のように「生と死のあわい」とつけておきました。トイニッセン先生も講演の中で言われたとおり、生の中に死があり、あるいは逆に申しますと死の中に生がある、そういうことが生と死の問題を考える上での一番基本のポイントであると思われます。

そこで私なりの生と死の相互浸透 Ineinander のあり方とその位置づけを考えてみたいと思います。その手がかりとしてとりましたのが、〈あわい〉です。現在では古い言葉となりましたが、皆様、当然この言葉の持つニュアンスはお分かりになると思います。この語の通常の意味は、間、ドイツ語でいう Zwischenraum という意味ですね。しかし、それは単なる statisch な、静的な、静かな間とは違う。むしろ、〈あわい〉という言葉が、語り・語らい、はかり・はからい、というような造語法と同じで「あう」という動詞そのものを名詞化するところでできた言葉、〈あわい〉という言葉はそういう意味で、元来スタティックというよりはダイナミックな動的な意味、あるいは後ほどお話することと関連がありますが、動詞的な意味、述語的な意味をはじめから非常に強く含んでいる言葉であります。これは西田哲学の根本概念である「場所」というのがやはり動的な述語の「場所」として考えられていることと符合、一致することだと思います。私は外国語で〈あわい〉という言葉を表わすときには、自己流でありますけれども Zwischenheit-Begegnung とか英語の場合には Betweenness-Encounter と、フランス語では entreté-rencontre、そういうふうにして〈あわい〉という日本語のニュアンスを伝えようとしております。

さてそれで、ここでドイツ文化に敬意をあらわす意味もあって、ドイツ語の詩をひとつご紹介します。リルケの詩です。

Der Tod ist groß.
Wir sind die Seinen
lachenden Munds.
Wenn wir uns mitten im Leben meinen,
wagt er weinen
mitten in uns.

（Rilke, Das Buch der Bilder）

死は偉大なり。
われらは、高らかに笑う
そが、うからなり。
われら　生のただなかにありて思うとき、
死は　われらのただなかにありて
涙ながしつつあり。

（星野慎一訳）

私の考えでは、われわれが生と死の〈あわい〉に生きていることを、この詩ほど、ほどよく示すものはないと思います。どれほど晴れがましい人生の場面にも、先ほどトイニッセン先生のお話では、若い時代でも「死はあたりをはばからず泣く」、wagt er weinen、おもいきってこのように訳してみました。もしくは、精神的生、Geistesleben、の極みには、死は静かに微笑んでいるかもしれないと思います。リルケはここで、笑うと泣くlachenとweinenという人間の振舞い、あるいは身体的表現行動の両極端に死の表われをみている。死が笑う、死が泣くというふうにいっていることは大変興味深いことだと思います。笑うこと泣くことは、一種のエクスタシーの運動にほかならないということができるからです。ちょっと難しい言葉を使って恐縮でしたが、そこでは日常の事柄を越える何ものかが現われる。また通常の言語の表現能力を超える何ものかが現われる。別にとびきり神秘的とかそういうことではありませんけれど、笑うということでしか表現できないものというのは、言語の表現能力を超えるのです。それをリルケは死と関係づけている。これは大変深い洞察だと私は思います。その洞察を哲学的に解きほぐすとすれば、たぶん三時間ぐらいかかると思いますので、今日は着想だけをいって、内容に立ち入ることは控えておきます。

死においていわば対人的コミュニケーション、あるいは言語的コミュニケーションの行なわれる場所ですね、また難しい言葉を使いますと超越論的場所、その我々の生きている場所そのものの生地が姿を現わす。それが笑いであり、泣きであり、そこに密かに死の姿が表われている。これがリルケの洞察であると思います。そういうことで笑いと死の関係は、今後深く追求してみる必要があると私は考えております。

さて、われわれのすべての振舞いが、それと知らずして、死の影を宿している。トイニッセン先生のお話にも、Schatten、「影」という言葉が出てまいりましたけれど、死の影を宿している。振舞いは、いってみれば死の影のうちにおける振舞いであると。惨めな舞いもあれば、晴れやかな舞いもある。我々の振舞いもいってみれば、死の影における振舞い、ダンス、Tanz、ですね、というふうに私は申しました。これは、振舞いという日本語が「振り」「振りをする」Mimesis、それから「舞い」Tanz、ダンスと分解できることをふまえてのことです。泣きとか笑いというのが、言葉の極限として、Lied、Poesie、あるいはDichtungの一形態であるとすれば、舞いは振舞いの一種の極限形態とみることができます。笑うことと泣くことは、歌に近いですし、舞うことは振舞いの極限形態というふうにみることができます。ちなみに、舞いの哲学的分析は、ベルクソンが最初の「意識の直接与件についてのエッセィ」、通称『時間と自由』といわれている書物の最初の方で、実に見事な分析をしておりますけれど、今日はそれに立ち入ることはいたしません。

例えば、これは京都でも東京でも同じと思いますけれど、都会暮らしの人々の一日の生活を、音のないサイレント・ビデオに撮って、後で早回しして観れば、単調極まりない散文的な生活とみえるものの中にも、ある種の悲しみや喜びをたたえた舞い、Tanzが演じられていることがみえてくるだろうと私は思います。

さて、これは相対性理論など現代の物理学で、時間、空間の連続体、時間・空間は別に分けられるものではなくて連続しているものである、ということで四次元の連続体ということをいう、Raum-Zeit-

Kontinuum, Space-Time-Continuum。その時空連続体になぞらえて、生死の連続体、Leben-Tod-Kontinuum、といういい方を考えてみることもできるだろう。そしてそれが、ほかならぬ私の申します生と死の〈あわい〉である。場所、あるいは死と生の狭間、狭間は文字どおり訳せば、enger Zwischenraum ということになるでしょう。それは生と死の出会う場所であって、また、我々を取り囲んであらゆるところにあるものである。ということで、Omnipräsenz とか Allgegenwart そういうものと考えることができるだろうと思います。

　こうした生と死の〈あわい〉にあること、生死の連続体の内にあるということは、ひとり死に臨んだ近頃よくいわれる臨死体験の場合、その場合はもちろん生と死の〈あわい〉に我々は生きるわけですけれど、そういう場合には限りません。

　ここでまた別の文化的伝統からT・S・エリオットの詩のほんの一節だけ、「Four Quartets」の一節を引用します。

As we grow older/The world becomes stranger, the pattern more
complicated/Of dead and living.

（T.S. Eliot, Four Quartets）

　我々が年をとると世界はますます疎いものになる。そして死んだ者達と生きた者達のパターンはより複雑になってくる。抽象的にいってますけれども、要するに、だんだん年をとると死者のうちに知己・知人が多くなるということです。あの友達も死んでしまった、あの人もいってしまった、現実に生きて会う人よりもいってしまった友達の方が多くなってくる。そのことをthe pattern more complicated/Of dead and living. とT・S・エリオットは非常に簡潔にいっているのだろうと思います。ここにも生と死の〈あわい〉というものがあるでしょう。けっして特殊な臨死体験というようなものだけに限られるわけではないというふうに考えます。

時空のモメントのうち、時空連続体の場所によって空間的なモメントが優勢になった場所とか、時間的なモメントが優勢になった場所とか、そういう場所、そういうOrtがあるように、生死のモメントもまた場所によって優勢になったり、劣勢になったりする。これもトイニッセン先生のお話に出てきましたように、若いときと年をとったときでは死との関わり方が違ってくる。これは最初に岡本先生もおっしゃいました。このような考え方をトイニッセン先生の生の三つの層と重ねれば、いくつもの組み合わせが得られると思われます。例えば、精神的に死んだ生ける屍としてのLeben、あるいは生活世界を捨てた修行者の豊かな精神的あるいは霊的な生というようなもの。いろいろな生のパターンが得られるでしょう。死についても、先ほど引用しましたリルケが『マルテの手記』の中で、村の長老の尊厳な死のことを書いて今ではそういう死に方はなくなったというようなことを書いておりましたが、死に方についてもいろいろな死に方がある、あるいはあったと思います。

述語の論理──生と死の可逆性の関係

さて次に、私の話の第二節に移ります。ただ今申しましたように、場所、Ort、あるいは〈あわい〉の論理は、西田哲学にいうように、述語の論理です。ここで西田哲学の難しい話をするつもりはありませんし、余裕もございませんけれど、一言でいうと述語の論理ということになるといえると思います。そしてポイントだけ申しますと、生死は主語の論理におけるような背反的、両立不可能なものではない。この場所〈あわい〉を基盤にして、死せるものと生けるもの、死者と生者は、ときにその位置を極端な場合には入れ替える。生死の可逆性、Umkehrbarkeit、あるいはReversibilitätというものを私は極限の場合にはやはり考えるべきだ、あるいは少なくとも過去には人々がそれを考えていたと思います。

述語とか主語とか申しましたが、それほど難しいことではありませんので、念のために例をひとつ挙げておきます。主語の論理と違って、主語の論理におけるように背反的、両立不可能なものではないと申しました。ソクラテスは人間である。それからソクラテスは人間ではない。こういうのは論理学では両立しないんですね。たがいに矛盾すると教えるものです。

死ぬということは述語で、死というのはそもそも主語としてより述語、名詞としてより動詞として、あるいはBe動詞付きの形容詞としてあると考えたいのが、私のお話のひとつのポイントです。死ぬという述語はドイツ語でいえばtod、とか、あるいは動詞でいえばsterbenです。それで、死ぬということがあり、あらかじめいってしまうと、生きる、lebendig、とかあるいはleben こういうことがあります。で、この述語については先ほどの例のように相反する述語がつくと困るということはなく、例えば「私は死ぬ」それから「あなたは死ぬ」それから「彼は死ぬ」と、あるいは後の二つをまとめれば、「非私」、nicht ich、です。特別な哲学的な意味でなくて、nicht ichです。私も死ぬし私以外の者も死ぬ、死というのは背反的両立不可能ではないといいましたのは、そのような相反する主語をもちうるという意味がひとつです。それからもう一つは、死と生が背反的でなくて、ドイツ語でいうIneinander、相互浸透の関係にあるというそのことです。それからいま話し始めているのは、スタティックにただ「私」と「非私」の円が重なっているだけではなくて、場合によって可逆性の関係がこの二つの間にあり得るだろうというそういうことであります。

ポール・クローデルといえばご存じの方も多いと思いますが、フランスの大変優れた象徴主義を継ぐ詩人、劇作家で、日本の大使をしたこともある人です。そのポール・クローデルが、「西洋の劇では何かが起こり、能では何かがやってくる」、そのようなことをいっております。

この場合やってくるのは何かといえば、死者であり、死霊、あるいは死の国の使い、折口信夫の言い方でいうと「まれびと」です。生活世界の現実よりもはるかに純粋で強い死者の存在、純粋精神がさながらに開示されるように思います。

能楽の多くのレパートリーは、周知のように亡霊の語りと舞いを主題にしています。後仕手というのはたいてい亡霊が多いですね。それが霊媒が死者の魂を呼ぶ交霊会、セアンスを原型にもつことを、ウィリアム・バトラー・イエイツ、今世紀初頭のアイルランドの有名な詩人は的確に見抜いて、そこからいろいろ自作でも影響を受けました。

こういうことを考えてみますと、この生と死の可逆性、Umkehrbarkeitを失った近代の生概念は、合理的、rationalではあるけれども貧しいというように私は思います。

人と人との〈あわい〉

次に時間もございませんので、第三節に移ります。

〈あわい〉にはまた、人と人の〈あわい〉という用法もあります。先ほど言い落としましたが、〈あわい〉には時間的な意味もあります。〈あわい〉というと別な日本語で言えば、〈潮時〉というようなまさに質的な時間ですね。トイニッセン先生のお話にもございました。質的な時間という意味もございますが、今は時間の問題については深入りしないでおきます。

元に戻りますと、〈あわい〉にはまた、人と人の〈あわい〉という用法があります。「似つかはしからぬ〈あはひ〉かなと　いとをかしく思し召されて」と似合わない仲だなというふうに、大変滑稽に思ったという用法が『源氏物語』などにみられます。

この〈あわい〉というのは日本の古い使い方では、男女のペアの場合に主として使われた。それに、〈世の中〉という言葉も、今はそういう用法はなくなりましたけれど、元来は男女の仲をあらわすことが多かった言葉です。〈あわい〉にしろ〈世の中〉にしろ、それが男女のペアをさす言葉として使われるのは、自立した個人の間の最も典型的かつ親密な〈あわい〉であるからではないかと思われます。

では最後に、人と人との〈あわい〉と、今ずっと話してまいりました生と死の〈あわい〉とは互いにどのように関係するのでしょうか。その問題を考えて結びにしたいと思います。

人と人との〈あわい〉が、生と死の〈あわい〉に包み込まれる関係にあることは明らかでしょう。人と物、物と物の〈あわい〉、Umwelt とか Milieu といわれるものについても同じですが、いずれも生と死の〈あわい〉に包み込まれる関係にあると思います。もしそういったほうが分かりがよければ、生と死の〈あわい〉は、他のすべてのこの世の〈あわい〉を包む超越論的場所、transzendentaler Ort だと、あるいは超越的述語面と西田流にいってもよいかと思います。人と人との〈あわい〉に、ときに薄く、ときに色濃く、生と死の〈あわい〉の影がうつります。人と人との相互変身、可逆性、あるいは一体化の願望がきわまるとき、死の影もまたひときわその濃さを増すでしょう。世にあるすべてのものが、無の場所、Ort des Nichts、の影となり、象徴的表現となるというのは西田幾多郎の発想の機軸にある考え方でありました。ここのところは、難しいと思いになる方は、聞き流して下さい。死の影というものが、死の願望として、あるいは、ときに破壊衝動として。ここでトリスタンとイゾルデやオイディプス王の例などを引き合いに出す必要は今さらないかと思います。

ここで一言付け加えますが、トリスタンとイゾルデと並べるだけでも、ちょっとおぞましいとみなさんお思いになるでしょうが、そのことを敢えて承知の上で、近頃日本で『失楽園』という小説が大変ベストセラーになりました。これも同じく心中の小説ですが、そこにはトリスタンとイゾルデのロマンもありませんし、オイディプス王の悲劇もない大変しらけた不倫小説、ポルノグラフィー的なサービスをふんだんにちりばめた不倫小説にすぎません。しかし、私はあらためて考えてみますと、いま我々の時代で情死ということが、トリスタンとイゾルデのような愛人の死ということが、パロディーとしてしか可能でないとすれば、我々の時代は、死そのもの、あるいは生そのものがパロディーでしか可能でないような、だんだんそうなるような時代に我々は生きているのではないかというふうに考えられます。とすると例えば、いたずらな病院の延命というようなものを私も身近に体験しますと、これはほんとに生のパロディーを延ばしているだけじゃないか、こういう生命の理解でいいのだろうかと考えてしまいます。生や死がパロディーになる危険にどうやって対抗していったらいいかということは、我々ひとりひとりの大変重い問題だというふうに考える次第であります。

どうもご静聴ありがとうございました。

ディスカッション

小田部　時間となりましたので、後半のディスカッションをはじめさせていただきます。まず、トイニッセン先生の経歴を簡単にご紹介いたしますと、先生はすでに五十年代の終り頃から、キルケゴール研究を通して非常に重要なご活躍をなさっています。とりわけ『他者』という大部のご著書がありまして、これは倫理学や社会哲学系の人々の間では日本でも非常によく読まれ、多くの議論を引き起こしてきました。七十年代には、さまざまなヘーゲル論を公刊され、また八十年代からは「時間」というテーマで包括的な研究をなさっています。最近では九一年『時間の否定神学』という書物が話題になったことでも知られています。また、今日のお話にもありましたように、精神病理学の分野でもさまざまな共同研究をなさっています。まさに、第一線で活躍していらっしゃる先生と存じます。

今日のお話は「生きる」ということの「生」を三つの層に分け、それぞれの層の時間性を非常に明確に扱われました。我々はえてして時間というと、点の集まりとか、過去から未来へ流れるものと意識してしまいがちなのですが、そのようなものとは異なる生きるということの問題を明快にする捉え方を提起して下さいました。

続いて、坂部先生のご紹介を簡単に致しますと、先生は『理性の不安』という御著書において、従来のいわゆる合理主義者カントという像とは全く異なったカント像を提起されたことでよく知られていますけれども、おそらくそれは先生がごく初期の段階からカント哲学のみならず、今世紀六十年代以降のフランスの構造主義あるいはポスト構造主義の流れをもふまえながら、ご研究を続けてこられたことと無関係ではないと思います。

　また、『理性の不安』とほぼ同時期に著されました『仮面の解釈学』では、日本語に注目されての独自の解釈学をもって、つまりペルソナに対応する「面《おもて》」というような概念を使われた、非常に面白い理論を展開していらっしゃいます。日本思想史の読み換えとして、和辻哲郎や九鬼周造などについてのご研究、あるいはそれを継承する形での創造的なお仕事をされています。

　最近また二冊、日本語で「振舞い」という概念を使われた『〈ふるまい〉の詩学』、それから『ヨーロッパ思想史入門』といういわゆる哲学史を塗り替えるような形での、思想史のご本を著わされ、これらは今日のご講演のバックグラウンドといえましょう。

　トイニッセン先生と坂部先生のお話をうかがっていますと、一般には生きることと死ぬことと申しますと、二者択一のような、生きることか死ぬことかといった形で捉えてしまいがちなのですが、実はそうではない相互浸透的な、つまり生きるという中にある死の側面、あるいは逆の側面にこそ実は本当の意味における生きるということの意味があるということを強く教えられます。このような共通性はもちろんありますが、また同時にお二人の先生の生と死をごらんになる視点も多少違う。トイニッセン先生の場合ですと、どちらかというと時間性を主としてみていらっしゃるのに対して、坂部先生の場合は超越性を強調されます。こうして、生と死の問題が複眼的にみえてくるようになったと思います。最後に坂部先生のご指摘になった重いパロディーの問題も、トイニッセン先生が最後におっしゃられた解釈の問題——つまり生と死をどういうふうに解釈できるのかというその我々の能力・解釈の力——とも関わってくるのではないでしょうか。

　では三人の理事の先生方からコメントをいただきたいと存じます。お願いいたします。

木村　木村でございます。私は精神科の医者でございますから、精神病理学的な観点からに限ってほんの少しお話をさせていただきます。トイニッセン先生も精神病理学のお話に触れていただきました。

トイニッセン先生の三つの層、生物学的な生、我々が生きるという生活史的な生、それから精神的な生とお話になりましたけれど、僕たちはどの生き方をするにしても、というか特に生物学的な生き方は別といたしまして、「私」として生きなければならないわけです。この「私」、他の誰でもないこの「私」。これは「私」というものの唯一性といいますか、交換不可能性、「ほかならぬ」という形でしか成り立たない。これは少し難しい言葉でいえば、他者というものの否定的媒介というか、他者にぶつかってそこで他者ではないこの「私」になるということでしか、われわれの生は可能ではないだろう。

ところが他者にぶつかって、それを否定的に媒介してこの「私」というのを獲得するためには、やはり他者との共同の場、共存性、Mitsein、あるいはGemeinschaftといってもいいんですが、そういう共同性のようなものが、まずあらかじめ開かれていなければ他者を否定することはできない。そういうところで、初めてこの「私」という単独性と個別性というものが確立するんだろうと思うんです。我々は自分を「私」というかたちで生きていくためには、常に目の前にいる他者から「私」を奪い返さなければいけないというところがあります。それがうまくいかないのが、ほかならぬ分裂病という病気です。

この場合、他者との共同性はこの「私」ということよりもちろん古い、これは単に論理的に古いというだけではなく事実的にも古いわけです。我々は「私」ということを考える前に、母親から生まれて母親に抱かれて、一体性の中で育ってきたわけですから、事実的にも古い。ということは分裂病の患者にとっては、そこから自分を奪い返さなければいけない他者にいつもある意味で先立たれている、というか先を越されているというか、そこで時間の問題が出てくるのです。トイニッセン先生は主として鬱病に着眼した時間論のお話をなさいました。しかし、分裂病の場合は、他者が自分より先を越しているということが一つ大きいことです。

だからそれに対抗して我々が、「私」というものを、あるいは主体性というものを確立しようとすると、いつも先手を奪い返すというか、他者よりも先に出なければならなくなって、そこで私がアンテ・フェストムという名前でずっと呼んでおります一種先走った生き方が出てくる。これに対して鬱病の場合には、これはテレンバッハというトイニッセン先生もよくご存じのドイツの精神病理学者が言ったことですが、患者はいつも自分自身の背後に取り残されている、hinter sich selbst zurückbleiben という生き方をしていて、この後ろ向きの時間性を私はポスト・フェストムという名前で呼んでいるわけです。

ところが、時間それ自身、物理学が純粋時間みたいな形で抽象した時間それ自身は、後ろも前もない本来可逆的なものです。それに前後、früher と später、以前と以後という方向をつけて、不可逆にしてしまうのが人間の意識です。人間の意識というのは、「私」が死すべきもの、sterblich、死ぬように運命づけられたものでなければ、時間に方向をつけるというようなことはしないはずなので、これはやはりトイニッセン先生がいわれたように、我々は生まれたときから時々刻々、生まれた瞬間から死んでいくんだという Sterben の歴史、我々の人生とはひとつの Sterben なんだということとももちろん無関係ではありません。それで人間はだれでも自分自身が生まれてきて、その瞬間から死んでいく。来し方行く末というんでしょうか、そういうものを時間経験に重ね合わせて、その上で過去・現在・未来というものを構成しています。先ほどいった他者が自分の先を越している、別の言い方をすると他者は私にとって未来である、ということも、「私」が死すべきものだというのを基盤にして初めて可能になることです。

そのあたりから坂部先生のおっしゃった人と人との〈あわい〉と生と死の〈あわい〉というものの問題にからんでくると思うんです。私も若い頃に『人と人との間』という本を書いてその頃から思っていたんですけれども、実は坂部先生のいわれる〈あわい〉、私のいう「間」、そこにこそ「私」というものが成立するのですね。死というものをけっして生物学的にみないならば、つまり坂部先生の話が意味をもって成立するようなそういう形で死というものを捉えていくならば、生と死の〈あわい〉にこそ「私」の存在があると思います。

結局は人と人との〈あわい〉と生と死の〈あわい〉、この二つの〈あわい〉は、同じ一つの〈あわい〉が二つの様相を示しただけのことではないだろうかと私は考えております。ちなみに私が最近注目しておりますヴィクトーア・フォン・ヴァイツゼッカーは、この〈あわい〉にこそSubjekt とかSubjektivität 主体とか主体性というものをみていたわけです。

以上が私のコメントです。

小田部　木村先生ありがとうございました。

最初の時間との関わりにつきましては、木村先生には『時間と自己』という書物がありますし、ヴァイツゼッカーに関しましても先生は最近のご著書『生命のかたち・かたちの生命』――そこではまたヘルダーリン論もありますが――において触れていらっしゃいます。次に芦津先生お願いいたします。

芦津　断片的になるかもしれませんが、感想を述べてから、二、三の質問をさせていただきます。

順序が逆になりますが、まず坂部先生の方を取りあげます。生と死の間とも、中間とも、割れ目とも言えるところを、そういう堅い表現ではなしに、〈あわい〉という言葉を選ばれたことに、まず感心いたしました。この〈あわい〉は生でもあれば死でもあり、生でもなければ死でもない。まったく柔かい感じの、含みのある言葉であると言えましょう。

これは思いつきめいた考えですが、この〈あわい〉は〈淡い〉に通じるのではないか。ひょっとして語源は一緒なのではないか。かりに一緒のものだとすれば、〈あわい〉は薄明かりを意味するものとなります。有名な話ですが、ゲーテは彼の色彩論において、すべての色彩の創造の源に淡い、薄明かりがあると考え、これを「曇り」(das Trübe) と呼んでいます。このことも思い出した次第です。

下村寅太郎先生の書物で教えられたのですが、絵画で形態や輪郭をぼかすことをスフマートと言い、レオナルド・ダ・ヴィンチの場合、このスフマートの技法が、たとえばモナ・リザの微笑に見られるように心の運動を表わす効果をもたらしているそうです。芸術の創造性という点で、〈あわい〉はこのスフマートにもつながるものだと言えましょう。

さきほど西田幾多郎先生の話がありましたが、例の「場所」を論じたところにも「創造的無」という言葉が出て来ましたね。〈あわい〉というのも、無でありながら創造の源になっているのではないでしょうか。

とりわけポール・クローデルの言葉が興味ぶかく思われました。ヨーロッパのドラマでは何かが起こり、日本ないしは東洋のドラマ、つまり能では何かが訪れるという言葉です。これも、生と死の〈あわい〉ということに関係づけて話せないかと思ったのです。たしか〈あわい〉は生者と死者との出会いというところにも成り立つというお話がありました。現にヨーロッパの例だと、モーツァルトのオペラ『ドン・ジョヴァンニ』では、ドン・ジョヴァンニが自分の殺した騎士長の霊、石像の霊に最後に出会って、これと対決しています。他方、東洋の例だと、世阿弥の有名な能楽『井筒』、夢幻能とも呼ばれるあの作品にも、旅の僧が、昔恋をした女性の霊と出会っています。この両方に、生者と死者の出会いが見られると思うのです。

モーツァルトのオペラの場合は、〈あわい〉が一応あるが、一つの境界として存在している。ドン・ジョヴァンニがこの壁を突き破ることによって、そこに亡者、石像との対話が成り立っています。ところで能の場合は、死霊が現われて、それと同時に〈あわい〉が現われている。当然、生のなかに死が現われるから、〈あわい〉というものが出現するのです。この〈あわい〉そのものが舞台を包んで能を成り立たせると考えられましょう。

さらに臨死体験というものも、まさに生と死の〈あわい〉の体験だと言えましょうが、もう一つ、最近もっぱら問題にされている脳死体験のこともあげられましょう。脳が死んだから、すでに人間は死んでいる。だから他の器官を取り出してもいいという考えが出て来るわけですが、この場合も問題となるのは〈あわい〉の解釈ではないでしょうか。このあいだ、学生と一緒にアンデルセンの有名な『マッチ売りの少女』を読みました。少女がマッチを擦りながら体を温めて何とか生きのびるが、ついに寒さのため凍死してしまうのです。マッチを擦りながら手足がしびれて来る。だが驚いたことには、体がすでに動かなくなっても頭のなかでは結構いろんなことを考えているんですね。いかに魂、あるいは人間の内面というものが強靱であるかを痛感させられました。器官がもう死んだ、それどころか脳も凍死してしまったと見られる状態でも、人間の心はまだまだ生きているのです。

しかし昨今の意見を聞いていると、たとえば脳は死んだが心臓はまだ生きているという風に、有機体としての生命を全体的にとらえずに、部分に分割して生死を判断しすぎているように思われます。死がせまる個体にあっても、その生命は依然として生と死の〈あわい〉に生きているのではないでしょうか。これは言い過ぎになるかもしれませんが、現代の医学は、生と死を安易に切り離し、生と死の〈あわい〉を冷酷に扱いすぎているような気がします。

次にトイニッセン教授のお話についてですが、ずいぶん「生と死」に関して哲学的に深い御意見が提出されていました。ハイデッガーの〈Sein zum Tod〉や、仏教の「生老病死」に通底する理解が示されていたようですが、ここでは最後に話されました詩人ヘルダーリンの場合についての簡単な質問だけをさせていただきます。

ヘルダーリンの論文『宗教について』に関して、たしか次のように話されました。現実の体験を思い出す、erinnernするという場合、現実の体験ですから、まさに過ぎ去った体験を思い出すわけです。内面で繰り返すことによって精神でwiederholenする。wiederholenとは反復することですが、同時に体験を「再び」(wieder)「取って来る」(holen)わけですね。これに関して小説『ヒューペリオン』からの引用もありました。ヘルダーリンのこの作品は、すべて回想形式で書かれた書簡小説として有名ですが、このお話を聞いて、同じことをデンマークの思想家キルケゴールが論じているのを思い出しました。奇しくも〈die Wiederholung〉と題する作品においてです。

この作品は一般に『反復』と訳されていますが、あることを繰り返しながら取り戻すことを意味しています。

たとえば、ベルリンの町が楽しかったので、主人公はもう一度ベルリンへ行って同じ体験を取り戻そうとするが、これが失敗に終わったという体験談があります。そして最後に、『旧約聖書』のヨブ記の物語が出て来ます。ヨブが非常にきびしい試練を受けたが、これに耐え、神によって失ったものを二倍にして返してもらったという話です。再び、しかも倍にして取り戻すと言うとき、キルケゴールも、思い出すことによって一段と高い生命を見いだすという意味を持たせていますが、そこに神への接近という主題が加わっているかぎり、ヘルダーリンの場合とはいささか次元が異なっていたように思われます。

それで質問というのは、最初に精神病の話がありましたが、それと関係しています。過去・現在・未来という三つの時間帯があげられ、人間が過去の圧迫によって現在を奪われ、未来から遮断されるところにDepressionが生じると言われました。未来に圧迫される場合もあるのでないか、とふと考えましたが、これは別として、質問はヘルダーリンの病気に関してです。ヘルダーリンは三十歳すぎから七十歳までWahnsinn（精神錯乱）に悩まされ、狂気に陥ってテュービンゲンのある部屋に閉じこもって生きた不幸な詩人です。トイニッセン先生は先ほどのヘルダーリンのErinnerung（想起）の試みを病気の前兆・予告として解釈されたのでしょうか。それとも病気を越えようとしての試みであったのか。あるいは、それとはまったく関係なしに、純粋に過去を想起することによって新しい生命を見いだそうとしたのでしょうか。このことについて、ごく簡単にトイニッセン先生のお考えを聞かせていただければ有難いです。

（付記　この問いに関しては、シンポジウムに続く懇談会の席で、トイニッセン教授より個人的に次のような返答をいただいた。――非常に難しい問題であるが、自分はこのように考える。不安を感じたヘルダーリンは回想によってその不安を越えようとした。ある時点で、この試みが不可能であることを知り、やがてその絶望によって狂気に陥ったのではないかと考えたい。――芦津）

小田部　芦津先生、ありがとうございました。〈あわい〉という概念を芦津先生流に、ゲーテの色彩論なども含めながら、また先生のお好きなモーツァルトとの係わりからも論じていただいて、とても示唆的でした。

最後になりましたが、大橋先生お願いいたします。

大橋　大橋でございます。

このシンポジウムは日独文化研究所の日独ということを唱っておりますので、その観点からまず小さなコメント、ないしはお二人に質問をさせていただきたいと思います。

もう一つは、ここへいらっしゃった方々はおそらく現代的な関心をお持ちであろうかと思いますので、現代という観点からもおうかがいしたいと思います。

トイニッセン先生と坂部先生とのお話それぞれに深い共通点がありますが、その共通点を一点に絞ることができると思います。トイニッセン先生の場合には、ドイツ語で言えばverweilen、とどまりという言葉が使われております。これは未来から生きるということの別の表現ですが、その「未来から生きる」ということは、トイニッセン先生のお考えであれば、時の内なる永遠のものに出会うとか、あるいは精神において生きること。生きるということが時の内であれば精神は永遠でありますが、その精神において生きることだとされる。これがすなわち本来的な生き方あるいは将来から生きることになる。それをトイニッセン先生はverweilenという言葉で考えておられるわけです。

そのverweilenというドイツ語にはWeileというドイツ語、名詞が含まれております。これは文字通りには「あいだ」です。トイニッセン先生のおっしゃるverweilen、つまり未来から生死において生きるという言葉、ここが焦点であろうかと思いますが、そこに含まれるWeile、あいだ、ないしはあわい。それと坂部先生の主題とされた〈あわい〉。これはそれぞれのお二方の講演の焦点であると同時に、日独シンポジウムという観点からいたしますと、西と東とのあわい、日独のあわいということもここに関係してくるように思います。と申しますのは、トイニッセン先生と坂部先生のお話は深い共通点があると同時に、先ほど小田部先生もご指摘されました

新刊

映画研究ユーザーズガイド
——21世紀の「映画」とは何か

北野圭介著

映画研究の最前線

視覚文化のドラスティックなうねりのなか、世界で、日本で、めまぐるしく進展する研究の最新成果をとらえ、使えるツールとしての提示を試みる。

購入はこちら

四六判並製230頁　定価2640円

カントと二一世紀の平和論

日本カント協会 編

平和論としてのカント哲学

カント生誕から三百年、二一世紀の世界を見据え、カントの永遠平和論を論じつつ平和を考える。カント哲学全体を平和論として読み解く可能性をも切り拓く意欲的論文集。

購入はこちら

四六判上製276頁　定価4180円

戦争映画の誕生
——帝国日本の映像文化史

大月功雄著

映画はいかにして戦争のリアルに迫るのか

柴田常吉、村田実、岩崎昶、板垣鷹穂、亀井文夫、円谷英二、今村太平など映画監督と批評家を中心に、文学や写真とも異なる映画という新技術をもって、彼らがいかにして戦争を表現しようとしたのか、詳細な資料調査をもとに丹念に描き出した力作。

購入はこちら

A5判上製280頁　定価7150円

新刊

マルクス哲学入門
―動乱の時代の批判的社会哲学

ミヒャエル・クヴァンテ著
桐原隆弘／後藤弘志／硲智樹訳

重鎮による本格的入門書

マルクスの思想を「善き生」への一貫した哲学的倫理構想として読む。複雑なマルクス主義論争をくぐり抜け、社会への批判性と革命性を保持しつつマルクスの著作の深部に到達する画期的読解。

購入はこちら

四六判並製240頁　定価3080円

顔を失った兵士たち
―第一次世界大戦中のある形成外科医の闘い

リンジー・フィッツハリス著
西川美樹訳　北村陽子解説

戦闘で顔が壊れた兵士たち

手足を失った兵士は英雄となったが、顔を失った兵士は、醜い外見に寛容でなかった社会にとって怪物となった。塹壕の殺戮からの長くつらい回復過程と形成外科の創生期に奮闘した医師の実話。

購入はこちら

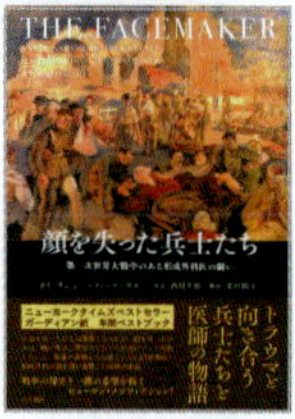

四六判並製324頁　定価4180円

お土産の文化人類学
―地域性と真正性をめぐって

鈴木美香子著

身近な謎に丹念な調査で挑む

「東京ばな奈」は、なぜ東京土産の定番になれたのか？　そして、なぜ菓子土産は日本中にあふれかえるようになったのか？　調査点数1073点、身近な謎に丹念な調査で挑む画期的研究。

購入はこちら

四六判並製200頁　定価2640円

ように、一方はどちらかと言えば時間的なエレメント、もう一方は空間的なエレメントを重視しております。さらに言えば、坂部先生の〈あわい〉というのは、動詞の「会う」、出会うということがその一つの意味です。もう一つは「振舞い」です。広い意味での行為ですね。トイニッセン先生の場合には、未来から生きると言われます。出会うにしても、振舞う行為にしても、現在という要素が非常に強いと思います。それに対して、トイニッセン先生の場合には、未来から生きると言われます。

この二つの、いうなればほとんど東洋と西洋の根本的なパターンというふうなものが、深い共通点と差異を帯びて現われてくるという気がいたします。もちろんこれは、東と西が単純に違うということではありません。坂部先生はこの〈あわい〉を西田哲学の「場所」と同じ意味で、あるいはその方向で考えておられます。その〈あわい〉の「会う」という言葉を、トイニッセン先生がちょっと引用されましたハイデッガーで言いますと、Gegnet という語となります。begegnen、出会うということが生じる場所、Gegnet ですから、深い共通性があります。にもかかわらず例えば、〈あわい〉の場合には振り、行為。verweilen の場合には精神において生きる、精神というエレメントが正面に出ます。行為であれば非常に身体的でありますし、自分の身体性が問題になり、現在ということが問題になりますが、Geist、精神ということが問題になれば、これは将来から到来するところの現在性というような要素が強いと思われます。そういう深い共通性と同時に、西と東とのあわい、あいだ、違いというふうなことを、私は感じたわけであります。

そこでお二人の先生方にその点をふまえて、今度は現代という観点から、少しざっくばらんなことをお伺いしたいと思います。

まず坂部先生が今日の状況の中で〈あわい〉をいうことがパロディー化され、死の影がパロディー化されるという状況をご指摘なさったわけですが、先生の〈あわい〉ということに関するお話でもって、例えば生と死の問題に思い余ってそれが問題で今日話をききにきたという方がもしここにいらっしゃったら、この〈あわい〉というテーマで何をおっしゃりたいのか、ということをお尋ねしたいと思います。

それからトイニッセン先生には、これはドイツ語で前もって先生にお渡ししたメモには書かなかったんですけど、ご講演の中でディーター・ヘンリッヒを引用しながら、生の全体、これが我々にとって暗闇、闇、無明であるわけですが、そこから生の根底あるいは根拠というものを取り出すということは簡単にはいかない、いろんな障害がある、という話をされました。何が簡単にいかないのか。ヘルダーリンはそういうことを洞察したというわけですが、現代人がヘルダーリンのような二百年前の生き方でやっていけるとも限りません。現代人において、生の解釈、Deutung、これを可能にする立場というものをもう少しはっきりお訊きしたいと思います。ヘルダーリンにおいてこうだったということのほかに、現代ではこうだというようなことをひとことお伺いしたいというふうに思います。

この一番最後の部分だけちょっと小声であとでトイニッセン先生に訳して、後でお答えいただきたいと思っております。

小田部　大橋先生、ありがとうございました。

日独の地理的あわいと対照、およびヘルダーリンのテキストの書かれた十八世紀末と二十世紀末という二つの時代のあわいの問題などを含めて、今日の二つのご講演の共通性と視点の違いなどがより明瞭になってきたかと存じます。

まず坂部先生、今の質問およびコメントに対して何かまとめていただければと思います。

坂部　それでは手短に三人の先生方のご質問にお答えさせていただきます。

最初に木村先生が、人と人の〈あわい〉と生と死の〈あわい〉は包み・包みこまれるものというよりは、同じ一つの〈あわい〉の二つの要素ではないかというご質問をいただきました。私もその点に関しては全然異論はないんでございますが、同じ一つの〈あわい〉であるけれども、やはりそれでもディメンション・次元の違いが考えられるだろう。なぜなら人は見えるものですし、死は見えないものですね。やはり無言電話が有言電話より気持ち悪いのと同じで、死の方が他人より気持ち悪い。その違いがあると思います。

それから芦津先生のご質問、〈あわい〉は淡いと関係があるんではないかと。これは私は言語学的、国語学的にはどういうことになるのか正確なことは分かりませんが、意味の上から言えばこれは先生が詳細におっしゃってくださいましたように、大いに関係があり得ていいものと思います。

それで、それに関して思い出しましたのは「うつせみ」という言葉があるんですね。「うつせみ」という言葉ものちの平安時代になると「空蟬」と書いて、人生のはかなさを暗示しますけれども、もともとは「うつし・おみ」と、「うつし」というのはうつつにある、「おみ」は人ですね。そういう言葉だったんだそうです。で、「うつつ」というのはうつつにあるんですけれどどっかから映っている。やはりどこか影が薄いんですね。淡い。我々のエクシステンツというのはやはりどこか影が薄い、そのことをいっている素晴らしい日本語じゃないかと思います。

それからクローデルに関してドン・ジョヴァンニを比較に出してくださったのは、これは全く思いがけないことで私も虚を衝かれた感じなのですが、ただドン・ジョヴァンニの場合には限界線を突き破るというようなところがあって、死者と人間の対立が西洋の場合には少し強くて、ドン・ジョヴァンニの石像がやってくる、朗々たる声で訪ねてくる場面はちょっと〈あわい〉とは言いにくいじゃないかと思いました。

それから臨死体験に関連して脳死体験というか脳死についてのお訊ねがございまして、これは伺ってましてまさにトイニッセン先生が三つに分けられたレベルの第一の biologisch なレベルの死ではなくて、脳死は Bewußtsein の死ではかってるんですね。ですからやはりそこにある曖昧さがあって、biologisch に生きているということはやはり心も生きていると感じるのが人と人との〈あわい〉のむしろ正常な感じ方ではあるまいかと。その点は先生の言われた通りと私も思います。

それから、大橋先生のご質問は一番難しくて厳しくて、パロディー化というようなことを言ったけれども、生と死で七転八倒しているような人に対して〈あわい〉というテーマで何がいいたいかというご主旨だったと思いますが、そうですね。

大橋　もしそういった人へのメッセージがありましたら、お願いします。

坂部　私は端的に〈あわい〉というエレガントな日本語を思い出そうじゃないかということが言いたかった。要するに肉体と肉体のぶつかり合いのポルノとかそういうのばかり流行っていますが、むしろそれこそ芦津先生がおっしゃって下さったように、淡い淡白な人と人との出会いというようなものには非常に深いものがある。そういうことを我々は忘れているんじゃないか。そういうことを〈あわい〉という言葉にメッセージとして込めたかった、そういうことでお答えになりますでしょうか。

小田部　それでは、トイニッセン先生。

トイニッセン　最初に、坂部さんのお話に関連して、生と死のあいだについて述べることにします。

東洋と西洋の考え方を比べてみますと、日本およびアジアでは統一が重んじられ、西洋では区別が強調されます。私としては、はっきり区別したうえで、そこにとどまるのではなく、さらにより高い統一へと進んで行きたいと思います。この意味で、まず、人と人のあいだと、生と死のあいだを区別しなければなりません。

私は『他者』という本のなかで、「私」が「他者」を作り上げるという近代の超越論哲学に対して、あいだの存在論を唱えたことがあります。そのことによって私は、自我において他者を構成する超越論哲学に単に反対したのではありません。逆にまた、フォイエルバッハ、ハーマン、フンボルトのように、他者が自我を構成すると考えたのでもありません。むしろ、「私」も「あなた」も、出会いによって初めて生まれてくるのだと考えたのです。これを私はあいだの存在論と呼んだのです。

それでは、生と死のあいだはどうでしょうか。大橋さんが指摘したように、空間としてのあいだと時間としてのあいだには違いがあります。一度きりの出会いがその後の一生を決めることもあるように、出会いを時間としてのあいだと考えることはできます。しかし、あいだとは、西洋の哲学では、アリストテレスにまでさかのぼることのできる、空間の概念なのです。二つのもののあいだ、例えば、白と黒のあいだというように、これは明らかに空間上のモデルです。あいだという概念を、生と死という時間の関係にもあてはめることができるのでしょうか。生そのものは時間的に完成しますし、生と死は時間的な関係なのだと思います。

坂部さんが生と死の「あわい」と呼んでいた、生と死の総合あるいは統一は、実はより高いもののことだと思います。しかしそれは、厳密にいえば、言い表わすことのできないものなのです。論理的に考えると、統一には二つの可能性があります。一つは、生と死という二つの極をつなぐもの、もう一つは、生でも死でもない第三のものです。私は、生と死のあいだというとき、第三のものを考えているのだと思います。

生の哲学についていえば、ジンメルのいう生を超える生も、ニーチェのいう権力への意志も、自分を超えていくものです。このような自分を超えるものが、生と死のあいだの第三のものなのです。それは、生でもなければ死でもなく、大橋さんがいうように、そこにとどまることなのです。とどまるとは、生きて動いていることでもなければ、死んで止まっていることでもありません。それは、生そのものにおいて第三のものを経験するような実存の可能性なのです。これは、あまりにもヨーロッパ的な考え方なのかも知れません。ただ、哲学によっては、第三のものを積極的に概念規定することはできませんから、生の哲学が否定的な形でのみ生を超えたものについて語るのも、また坂部さんが「振舞い」といい、「舞い」という像を用いたのも偶然ではありません。それは、哲学的な概念を捨て去り、メタファーによってしか表わすことができないものなのです。

生と死のあいだには、もう一つ別の区別があります。私たちは生から死へと一挙に移っていくのではありません。例えば、脳死とは、人が生から死へと移り、死んでしまったというはっきりしたしるしなのではなく、死につつあるという、死とは違った定めがたい中間、途中にとどまっていることなのです。生まれながらにして、生とともに死が始まっているのですが、しかしこれは、一方では、生と同一視できるような死ではなく、移り行きなのであり、他方では、生と死よりも高い段階なのです。

西洋では伝統的に、生と死、有と無の関係を実存の具体的な形式とみなしてきました。これは、相容れない矛盾の関係とみなされ、生と死、有と無のあいだには第三のものはなく、生か死、有か無のいずれか一方でした。しかし、ヘーゲルの弁証法が有と無を越えた第三のものを〈成〉と名づけたように、生と死の関係にも第三のものがあります。これは、単に一方から他方への移行ではなく、より高いものなのです。日本にも西洋にも、このようなより高いものを求める伝統があると私は思います。

小田部　今、トイニッセン先生の方からは、その生と死のあいだのものをDrittes、第三のものというかたちで捉えようというご提案がありましたけれども、おそらく坂部先生の場合ですと、また別のお考えがあるんではないかと思うんですが。

坂部　別の考えというよりむしろ全く賛成なんです。いよいよDrittesが出てきたなと思っていたんです。

小田部　「第三のもの」と先生のおっしゃるIneinanderとには違いもあるのでは、と思ったのですが。

坂部　最初に申しますと、生と死の綜合Syntheseというふうにトイニッセン先生はまとめて下さいましたけれど、私は生と死のSyntheseについて話したのではないので、Syntheseはどうしたって不可能だと思います。ただ可逆性について、Umkehrbarkeit、Reversibilitätについて話しました。しかしそれも厳密にというと、どこかで不可逆性が生と死のあいだにはどうしても残る。その残るときに語り得ないんだけれど何かが垂直にやって来るんだと思います。それがDrittesで、そういうことを考える伝統はけっして西洋だけのものではなくて、私は東洋にもあったと思います。多少表現法とか言葉遣いが違っていて、具体的に申しますと、例えば老子以来のものですね、西田に至るまでの無というのはそういうもの、語り得ないもの、何か垂直の次元、生と死の水平の次元に対して垂直に関わってくる何ものか、それ以上にはいうことができないもの、というものが東洋でもずっと問題にされてきたと思うので、私はその点では東洋も西洋もそんなに大きな区別はないと考えてます。

小田部　ありがとうございました。コメンテーターの先生の側からも何かまた補足的なコメントなどありましたら、いかがでしょうか。

木村　生と死のあいだを第三のものとして考えるということについてですけれども、生でもなく死でもないものは第三のものでなければならないというのは、やはり非常にアリストテレス的な理論だろうと思うんですね。自同律、矛盾律、排中律というような中の考え方だろうと私は思うんですね。

しかし、こういうことですぐに思い出すのはハイデッガーの存在論的差異、ontologische Differenz です。つまり存在者と存在そのものは明らかに違うわけなんだけれども、その〈あわい〉つまり差異が第三者かというとそうではないわけですね。むしろハイデガーはその〈あわい〉こそ本当の意味の存在だというように考えたのだろうと思う。私は哲学者じゃないからこれ以上のことはいえませんが、私の領域に近づけていうとさっきのそのヴィクトーア・フォン・ヴァイツゼッカーがこういうことをいうわけですね。生命そのものは決して死なない。死ぬのは個々の生き物だけである。ここのところをちょっとだけドイツ語で言いますと、覚えていませんからやや不正確な引用になると思いますけれど。Das Leben als solches stirbt nicht. Sterben kann nur einzelnes Lebewesen. たぶんそれに似た言い方だったと思います。その場合の Leben als solches、生命そのものと、それから Lebewesen、どう言ったらいいんでしょうね、Leben des Lebewesens、これの間にはある種の ontologische Differenz、存在的差異があるだろうと思うんです。

それでもう一つ思い出すのは、フロイトの Todestrieb。フロイトはあらゆる Lebewesen、生き物には死んで無機物にかえろうとする欲動があるということをいうわけです。有機物が無機物にかえるというのは、言ってみれば Lebewesen のレベル、物質的な存在者としての生き物のレベルで言えることであって、ヴァイツゼッカー流に言うと、我々生きているものは死ねば生命そのもののところへかえるわけですよ。決して死なないところの。そうなると生命そのものというようにヴァイツゼッカーが捉えたその次元は、場合によっては死の次元だと捉えてもいい。我々がそこから生まれてきて、そこへ向かって死んでいくところですから。決してそれは死という言葉が連想させるような暗いじめじめした、あるいは動きのない固まってしまったようなものではない。もっと豊かなものを私はいつもイメージするんだけれども、そうなるとまたその生と死の〈あわい〉こそが、どう言いましょうかね、そこで本当に生きているということがいい得るような場所になる。そこに可能性が大いにあるように思うんです。ちょうどハイデッガーの存在者と存在の〈あわい〉こそが存在の本当の姿なんだというように考えるのとパラレルに。

トイニッセン　ハイデッガーのいう存在論的差異とは、確かに木村さんが指摘したように、存在と存在者とに並んであるような第三のものを指しているのではありません。ただ、私としては次の点にだけは触れておきたいと思います。

まず、大橋さんの質問は、生の全体からさらに生の根底へと進んでいくヘンリッヒさんの試みに、私がどのような困難を見るのかということだったと思います。簡単にお答えしますと、西洋の形而上学は根拠という概念を手に入れ、それを第一原因、根本原理と理解して、存在するもののなかで最高のものとみなしました。このような根拠という概念によっては、ヘルダーリンの思想を理解することはできないと思うのです。

ヘンリッヒさんは、ヘルダーリンの『宗教について』という断片から、「感謝」について述べています。私たちは人格をもつものにだけ感謝するのではありません。個々のものにだけではなく、生のすべてに感謝することがあります。確かに、ヘンリッヒさんがいうように、意識のなかの根拠は意識された生を突き抜けていきます。しかし、これを、人格をもつものの根拠として考えることはできません。ヘンリッヒさんの立場はキリスト教よりもずっと東洋の考えに近いようですが、そうであれば、根底を人格的なものの根底として考えることはできないでしょう。いずれにしても、感謝とはその根底に人格のようなものを前提としているのだろうか、という疑問があります。

ところで、私は精神科医ではなく哲学者ですから、精神病の患者がどのように自分のことを見て、どれくらい自分のことを語ることができるのか、という問題に関心をもっています。

講演のなかでは、分裂病ではなく、鬱病について語りました。哲学者にとって興味深いのは、人間のもつ精神の苦悩です。分裂病よりも鬱病の方が、私たちの通常の自己理解、世界理解を表わしていると思います。また、時間との関係も問題になります。分裂病では、過去が未来に優先するだけではなく、過去が未来の形を取り、未来が過去の形を取るように、時間のゆがみが生じてきます。鬱病では、繰り返し聞こえてくる鳥の声にいらだつように、同じものの繰り返しに悩まされるという問題があります。しかし分裂病では、時間の反復だけではなく、すでに見たという体験の反復が問題なのです。初めて見たものを、すでにいつか見たものであるかのように思うのです。ここで、私は鬱病と分裂病の原因を問題にしているのではありません。むしろ、時間という観点から、病気の原因ではなく、症状の連関を見いだすことができると思っています。そのために、時間の経験ということが重要になるのです。

また、木村さんは分裂病患者の自閉症についても語っていたと思います。その際、私が考えている時間意識のゆがみも、木村さんが考えている「私」と「他者」に先立つような次元の喪失も、両者ともより根本のものに基づいていると思います。そこから、分裂病と鬱病が次のように区別されるのです。鬱病とは、時間および空間という関係のなかで、世界が現われてくる苦悩です。それに対して、分裂病とは、世界が抜け落ちていく苦悩なのです。私たちは、時間と他者というような社会関係から、世界の根本現象へと戻らなければならないのでしょうか。他者が去っていくと、他者によって生じた次元が失われ、世界が消えていきます。そうすると、時間も形を変えて、そこから世界が抜け落ちていきます。自閉症とは、世界の根本的な脱落という、こうした症状なのだと思います。

小田部　木村先生は前から時間の三つの層に即して精神病理を分類されているのに対し、今日のトイニッセン先生がDepression、鬱病、つまり過去に支配されたものに議論を限定されたのは、とりわけ鬱病というものが、普通の人間にとっても自己認識にとっても非常に近いものがあるからだ、ということになりますでしょうか。先生に従えば、時間というのは決して精神病理の原因ではなくして、むしろ時間に注目することによってさまざまなsymptom、症状のようなものの連関を理解することを目指すことが必要だ、ということになります。

本来五時で終わるべきところをもう五〇分も超過しておりますが、会場の方からぜひお話ししたいという方がいらっしゃってうずうずしておられるのじゃないかと思います。

会場の方から先ほど松山さんが何かお話をと。

松山　質問ということなので、時間もないようですが最後に質問させていただきます。まずは坂部先生に質問したいと思うんですけれども、先ほど大橋さんとの質疑応答の中の問題と関係あるんですけれど、〈あわい〉ということでどういうアクセントを坂部先生は考えられているかという質問の中で、あわい中にも真実があるんじゃないかという、そういうお答えをなさったように伺いましたけれど、ちょうど〈あわい〉という言葉の語源といいますか、それを坂部先生は男女一対の場合あるいは男女の仲という形で説明下さったので、それとからめて、私は思いついたことをひとつ申し上げますので、それにお答えいただきたいと思うんです。

真なる淡い恋というのは、ひょっとしたら心中ではないかなと思うんですね。と申しますのはちょうど『失楽園』の話を先生なさいましたので、現在はもうすべてパロディーで終わってしまうということですから、今日すべてパロディーになっているのはおそらく心中になるような事態、つまり心中というのは、一言でいえば、この世で実現できないことをあの世でということですから、ここであの世というのが出てまいりますね。この世に対するあの世。これは時間的に言い換えればおそらく永遠ということとも繋がるんではないかと思います。坂部先生は時間の問題に触れないとおっしゃいましたけれど、ここで〈あわい〉ということと永遠ということをくっつければトイニッセン先生の時間の議論と交差するんではないかというふうに思ったわけです。

それにもう一つだけ感想を付け加えさせていただきますと、最後の超越論的場所あるいは超越論的述語面という先生のおまとめのこの問題も、例えが永遠ということをひとつ念頭に置いて考え直すことができないかというふうに思います。と申しますのは、超越論的というのは先生ご専門でお恥ずかしいですけれども、対象そのものではなくて、対象と我々がどのように関わるかというその関わり方を問うというのがおそらく超越論的という語の意味であろうと思うわけですけれど、その場合に時間的なものと超時間的なもの、あるいは時間と永遠、あるいはこの世とあの世というこの関わり、そこで死んだ者が見えてくるんではないか。ですから、淡い恋というのはひょっとしたら心中ではないかということをお聞きしたいのですが。いかがでしょうか。コメントいただけますでしょうか。

坂部　ありがとうございました。松山さんがお訊ねの件はどれもその通りだとお答えしていい、ほとんど私は異論ございません。ただ〈あわい〉と淡いの語源的な関係については私は保留しておきます。

それから〈あわい〉の語源が男女一対と松山さんがおっしゃったようにとれましたけれども、そうではなくて平安時代くらいに割に男女一対の〈あわい〉の意味で使われた、それだけの意味です。

それから心中に真なる〈あわい〉があるというのは、私も『トリスタンとイゾルデ』の例をあげました。『トリスタンとイゾルデ』だとか、あるいは申しませんでしたけれど『曽根崎心中』、近松の場合には、あれは江戸の封建制の「義理」社会に対する批評性を強く出していたわけですね。それが今の『失楽園』にはそういうことは何もない。それでパロディーだというふうに申し上げたんです。

それからあの世は永遠とおっしゃって下さいました。私もそれは賛成なのですが、一言付け加えれば、心中することによって、永遠の時間がこの世の時間に批判として跳ね返ってくる。そこがポイントだと思いますから、永遠がこの世の時間と離れていたんではあまり意味がない。

それから超越論的場所についても、ただ永遠とかあの世とかいうことをあんまり話すと、あの人オカルトにいかれたんじゃないかというふうに思われるのがいやだったので、なるべくそうした規定を避けただけです。

小田部　次の方どうぞ。

渡辺　渡辺と申します。今日はありがとうございました。ひとつだけ、トイニッセン先生にお訊ねしたいんですが、今もおっしゃった生と死の問題で第三のものについて、最後の方で神秘主義ということにちょっと触れられたように思いますが、時間が許す範囲でお答えいただきたいと思います。お願いいたします。

トイニッセン　神秘主義とは神秘的な概念ですから、はっきりと定義することはできません。哲学に限っていえば、とくにドイツ哲学の伝統のなかでは、マイスター・エックハルトの哲学的な神秘主義を考えることができます。エックハルトの考えには禅の考え方と通じるところがあり、これについては、エックハルトに詳しい上田閑照さんが禅との関連について指摘しています。私が思うに、エックハルトは、有と無、生と死にとっての第三のものを概念によってとらえようとしていたのだと思います。

小田部　実は、私、最後にはぜひ会場にいらっしゃっている上田先生のコメントを伺いたいと思っておりましたが、ちょうどエックハルトの名前も出たところですので、ぜひ上田先生、一言、二言お願いできますでしょうか。

上田　上田です。死が問題であるとき、死を問題にするとき、何か質問をするという気持ちになりにくいということが根本にあります。しかしそれだけでなくて、お二人のお話からお教えいただきながら、本当にそうだなあと思えたものですから、特に質問ということはありません。ただ事柄が事柄であるだけに、やはり問いはおこらざるを得ません。それはしかし、質問してお答えいただくというよりも、私自身に問題になるという意味です。

例えば、「第三のもの」とおっしゃいました。生と死の間、それは生でもない死でもないという意味でおっしゃったと思います。そういう意味で第三のものということは出来ると思いますけれども、しかしそれを「第三のもの」としてしまうと、私たちが生きているということとどう関わってくるのか。あるいは、私たちがこうして生きているということがどういうことになるのか、そういうことがやはり問題になりそうな感じがします。

生でもない死でもないという言い方にしますと、これは私たちにも非常に親しい言い方になるわけですね。ただ東洋の伝統の中ですと、生でもない死でもないというのは、生は生ならず、死は死ならず。生死というそのことが生でもない死でもない、そのように言われるわけですね。しかしそのように言えば、それでわかるというのではなく、今度は私自身にそれこそ問いとなってきます。生でもない死でもないという仕方で生死するということ、それはどういうことか、これが大きな問いになってくると思います。答があるとすれば、自分が生きるそのなかでのみ答えなければならないような問いだと思います。

それから、生と死の相互浸透ということ、これも私自身そのように考えますし、自分でもよくそのように言うわけですが、やはりこの場合も、生の中に死がある、それがどういうことかということ、それが本当に生きることになるということ、それで死ねるという仕方で生の中に死があるということが分かること、それがほんとうにどういうことか、これももちろん私自身に跳ね返ってくる大きな問いです。

そういうこともあるのですが、お話をお聞きしながら個々のテーマの折に、いろいろ考えて頭の中に思ったことがあります。例えば、人と人との〈あわい〉と生と死の〈あわい〉とを重ねてお話の時に、私はある子供の俳句というか詩というか、それを思い出していました。それは、「秋深し　柿も熟した　おじいちゃん死ぬな」という歌です。それから、生まれて誕生と同時に死につつあるということ、誕生と同時に死ねるほどすでに十分年をとっている、これも確かにそうだと思います。同時に、最近少しちがった経験もしています。私はもう七十歳を越えた関係もあるのかもしれませんけれども、非常に近しい人が持続的に絶えず文字通り死につつあるんですね。これ病気だというのではないんです。一週間で死ぬ場合もあるし、半年で死ぬ場合もあるし、いろいろありますが、何十年と親しくしていた人が文字通り死につつあるということは、自分の身に響くところで起こっているることがあって、それで、これはどういうことかなあと特に感じているわけです。それを生まれたと同時に死ぬ可能性があるということだけではなく、何十年も生きて、そして死ぬということに、何かもう一つあるような感じがします。

これは私自身の経験ですが、例えば父親の二七回忌を済ませましたから、だいぶ前に亡くなったのですが、亡くなったしばらくは、亡くなった、死んだという喪失感が非常に強かったんです。それから何年か経つと、何となく変わってきました。それは、語呂合わせのようなものですけれど、「死んでいる」というような、そういう感じで、喪失感だけでなくて、なにか「いる」というような感じなのです。それからずっと二十年も経ってきますと、今は生とか死とか関わりなく、「いる」としか言えないという感ですね。これは例えば、私たちが芭蕉のことや道元のことを考えるときは、やはりそういうことが起こっているんだと思います。ですから、さっきの生でもない死でもないというようなこととも関係しているのかなとか、そんなことを思ったりいたしておりました。

小田部　ありがとうございました。上田先生から非常に重い問題が最後に問いかけられてきたように思います。おそらくは「生死に関わり無くいる」というような体験は木村先生がおっしゃったDas Leben als solches、生命それ自体とも関わってきて、ここにおいてこそ私たちの個々の生き物の生きていることが問われてきていると思います。

先生方何か最後にコメントでもありましたら。

トイニッセン　皆さんもご存じだと思いますが、いくつもの水面に月が映っていても、水面に映った月はすべて同じ一つの月だという禅の格言〔水月道場〕があります。このように、東洋と西洋の考え方の違いを理解できると思います。宗教にしても思想にしても、考え方はどれも、水面に映った月の姿のように、どの姿も同じ一つの月を指し示しているものなのです。

小田部　今のお話は坂部先生が「うつし」という概念を使って論じていらっしゃる問題とも関わってきます、となると次のシンポジウムをすぐここから始めなければならないようなところですが、これをもってディスカッションを終わらせていただきます。今日は岡本所長にもいらしていただいて、とても有意義な四時間をもてました。

今日お話下さいました二人の先生方、それからコメンテーターの先生方に改めてお礼申し上げたいと思います。ありがとうございました。

第三部　感覚の哲学

第五章　時代現象としての感覚

——自然科学・文学・宗教の出会い——

上山　安敏

一　時代現象としての感覚

実は私は、哲学というものにあまり親しんでこなかったものですから、こういう哲学のはなしをするということになると場違いな感じがいたします。社会科学的考えに馴染んできた者が感覚論についてお話するとき、私は哲学者や心理学者のように感覚そのものに現象学的、心理学的に入り込んで考察するよりは、さまざまな時空に見られる感覚論を社会的歴史的な文脈で考えたいと思っております。したがって今日は「時代現象としての感覚」という題でお話をすることにしたわけであります。

そのためにいわゆる世紀末から一九二〇年代にかけての感覚文化を横断的に俯瞰しようというわけですが、感覚を文化現象として見ようとしますと、ヨーロッパではユダヤ＝キリスト教という宗教と感覚文化の関係をみなければならないと思います。宗教の及ぼした影響を縦断的に遡って精神的な系譜を診断する必要があります。したがって感覚を文学・芸術・自然科学など横につながる横断軸と旧約聖書以来のユダヤ＝キリスト教の宗教観念の縦断軸と交差するトポスの中に見ようというわけです。

［モーセの十戒と感覚］

そのため世紀末ウィーンの感覚論に入る前に縦軸として宗教と感覚の関係を考えてみたいと思います。それはマックス・ウェーバーも指摘していることですが、ユダヤ教（古代イスラエル）が感覚文化に与えた影響であります。それはモーセの十戒の第二の戒め、偶像崇拝の禁止であります。これは「被造物神化の禁止」とか「神の図像化の禁止」とも表現されますが、そのコロラリーとして、シラーによって使われ、ウェーバーによって人口に膾炙されるようになった「妖術からの解放」があります。これはウェーバーによって文明史的意味を与えられました。ところがこの「図像化禁止」はここで論じようとする感覚文化の拒否に通底しております。ユダヤ人が音楽・絵画などの感覚文化に閉ざされていたことがその賛否を交えて論じられてきたのはそのためです。

ウェーバーの『プロテスタンティズムの倫理と資本主義の精神』は妖術からの解放を基底通音にしておりますが、感覚文化の拒否の観点から読みますと面白いと思います。彼は感覚文化の拒否が古代イスラエルのモーセの十戒（第二戒偶像崇拝禁止）とイギリスのピュリタン革命の時代の倫理に通底していると見たわけです。ウェーバーは資本主義の精神の誕生の原動力をイギリスのピュリタニズムの倫理に見出したわけで、イギリスのピュリタニズムの倫理の基調は「イギリス・ピュリタンのヘブライズム」といわれるように、ユダヤ教とキリスト教の宗派との間の密接な関係を再評価したところにあります。

革命の指導者オリヴァー・クロムウェルの宗教的な考え方は旧約聖書と新約聖書との和解、ユダヤの神の民とイギリスのピュリタンの神と会衆との内面的な結合を夢見ていました。ウェーバーの論争者でもあったヴェルナー・ゾンバルトも「イギリス・ピュリタンのヘブライズム」を彼の資本主義論に生かしております。

そこで当然のように旧約聖書に基づく感覚文化の拒否がピュリタン革命によって社会現象になるという事態が見られます。ウェーバーは旧約聖書の規範によって生活を隅々まで律するようになり、禁欲と規律の倫理の醸成を看取しております。ウェーバーは十戒の第二の戒め（偶像崇拝の禁止）がユダヤ教の感覚文化に無縁な性格のうえに及ぼした影響に注目しているが、それに関して「愉しい古いイギリスの生活」に禁欲を強いるようになった事例をあげております。ですから市民に享楽を与える劇場の閉鎖にまで介入いたします。ピュリタンの都市当局はシェクスピアの生存中にすら劇場を閉鎖しております。ピュリタンに対するシェクスピアの憎しみや軽蔑も指摘されています。

これは文明史的に見ますと、もともと十戒のなかにある外国の神崇拝の禁止、偶像崇拝の禁止、図像崇拝の禁止はイスラエル人がカナンのバール神などの異教崇拝の拒否から生まれたものでありますが、旧約からキリスト教に受け継がれて、キリスト教が国教化されてからギリシャ、ローマのヘレニズム文明との対抗に大きい役割を担ったということが出来ると思います。ギリシャ＝ローマの享楽主義に対して禁欲、規律の倫理で対抗するとき、この十戒の掟が蘇っております。

語源的に見てまいりますと、ラテン語の感覚を意味したSinnという語は複数では性的放縦という倫理的に否定的評価が含まれており、英語のsinは九〇〇年以前では非行を意味し、独語のSünde（罪）

と同義語であります。したがってSinnは官能、性欲の意味合いを持っておりました。精神分析によって脚光をあびたlibidoリビドーも性本能エネルギーとして同じ意味をもちます。

これからお話しいたします世紀末の時代にsinnlich（感覚的）、ないしSinnlichkeit（感覚性）という語がアウグスティヌスをはじめ教父によって理性（ratio）を害する文脈で使われるようになった語感を潜在的に引きずっていたことがいえると思います。

二　世紀末ウィーンの精神風土とE・マッハ

要約に書きましたように、こうした感覚論を巡って、ドイツ人の意識というか、やはりパウロからルターを経て、カントを経てきたという、われわれが考えている「ドイツ人的な意識」のところへ、突然ではないものの、イギリスやフランスから新しい感覚論が流れ込んできた時に、ドイツの人々や思想家も含めて、ひとつのカオスのような、渦巻き状の状況を起こしてくるという風に見たわけなのです。そのときひとつの起爆地点になったのはウィーンであっただろうと思います。世紀末ウィーンとよく言われるような、ウィーン文化を背景にして、思想家や科学者、文学者や宗教家たちがリアクションしていくという形で、ウィーンにそれが起こってきた。しかしこの感覚というものは、ドイツの思想の中において、フランス人の間に流行した「センセーション」が、フェイトン、文芸評論というような新しい知のメディアを通じて入ってくる。そういう中に否応なく「センセーション」に対してリアクションする場合、いやがるタイプと、むしろ時代の流れの先端を見るものだというタイプに分かれてくる。

イギリスの経験論が入ってくる場合もそうですが——これは早くから、十八世紀あたりから入ってくるのです——そういうものがゼンズアリスムス（感覚主義）という形で入ってくる。それを拒否する知識人グループと、それを全面的に受け入れて、文化の中心にしていこうとする動きがあります。これはウィーンだけではなしに、いたるところでそれぞれ異なったタイプで対応した形を見せるのではないかと思います。この感覚論が流行したとき、そういう文化状況があったからこそ、精神医学なり生物学なり物理学なり、そういう新しい自然哲学から精密科学へと移行するときに、およそ自然科学と言われている分野の中の流動化というか、知の交流というか、そういう現象が現われるのではないか。

ですからこうした大きなパラダイムの変化というものは、この自然科学の方向から始まったとみていいのではないか。それが哲学や人文科学の方向へとプッシュしていくという形をとるのではないかと思うわけです。そのとき当然に感覚論が入ってくると、それに対して物理学の内部でも生理学それから生物学、精神医学などの内部で亀裂が生じてくる。そして各分野の中から対抗図式が現われてきて、それが横へ波及していくのではないか。

そういうような背景というものを考えていきますと、どうしてもその背後には単なる科学の対立図ではなく、キリスト教というヨーロッパの精神文明そのものに対抗していくという、キリスト教に代わるひとつの新しい代替宗教というものを、科学者が生み出していくという事情があります。また、禁欲的なキリスト教の原理というものを、もっと新しく変えて、そして彼らに開放していくというふうな運動が起こる、そして、こういう運動が現われる時には必ず大学というアカデミズムの中で専門化という動きと、同時にポピュラーな一般メディアを通した通俗化の動きが起こる。また、専門家というものと通俗化というものが、単なる言葉の対立だけでなく、非常に深刻な問題を彼らにもたらしてきたということがいえると思います。

こういう状況において、新しい思想への見方つまり、感覚に対してどんな反応を示したのかということが、各人の思想というものの体質を見る時のリトマス紙になるのではないかと思うわけです。こうしたことを前提にしながら、具体的にお話を進めてまいります。

時間がありませんので端折った形でしかお話できないのですが、まずはじめには世紀末ウィーンの精神風土と、その中で特に哲学の中における感覚論といえば、エルンスト・マッハが挙げられます。彼の引き起こした感覚論というのは、彼の思想がアインシュタインまでつながっていくように、生命が非常に長いという面がありましたから、一過性のものではなく、生命の長いものであったわけです。ウィーンの中に一種の地殻変動を起こしていく時に、非常に新しい、スイッチしたグループの中に、マッハがおり、フロイトがおり、そしてウィーン以外のところでヘッケルとかベルシェとか、いろんな思想家が出るわけですが、まずウィーンというのがやはりそうしたものを生む土壌であったということがいえると思います。

ウィーンの世紀末というのは、クリムトなどに代表されるように非常に華やかな建築や絵画、芸術文化が開花しましたし、それから文芸についてはご承知の通りですが、ウィーンの感覚文化を考える場合に次のことが考えられます。ウィーンという場所が全体にベルリンと違って経済的には後ろ向きである、それにオーストリア・ハンガリー二重帝国が多民族である、言語が統一されていないなど、いろんな意味でどんどん内に向かっていくという、ひとつの内向性が感覚論を育てていくことになったのではないかと思うのですが、およそだいたい非政治的である。政治的な問題に対しては口をつぐんで、そして演劇や音楽とかいったものの会話でもって、人々がカフェで過ごしている。

そこで当然、フランスで流行った『フェイトン』という文芸評論的なものが新しいジャーナリスティックな政治・経済に代わるひとつのメディアとして非常に強いものを持ってまいります。その時に、政治や経済に関係のない医学や物理学といったところで意外と思われる知の変革がウィーンで起こったと思います。したがって精神医学の中での神経器官という、ごく医学部の中の研究室の中で行なわれていることがら自体が、新しい一つの社会的な問題を引き起こすような事態が生ずるわけです。したがって、感覚論が知の地殻変動に関連していくというようなことが起こり得たのではないかと思います。

それを考えていくと、だいたいウィーンというものが、ドイツ語圏全体で見た場合に、非常に特殊な位置にあったということができます。ひとつにイギリスの経験論というものが、一番早く、堂々と玄関を通って経験主義という形で入ってくるような場所がウィーンだけであったと言ってよいかと思います。他の国(例えばプロイセン)ではいわば密輸入的な形でイギリスの経験論が入ってくる。カントの段階でも経験論が入るのはそういう個人的・密輸入的な形でするわけですが、ウィーンになると堂々と入ってくるということがあります。その背景には、ウィーンがドイツと違って反ヘーゲル、反プロイセン、反プロテスタントであった。こういう要素が揃っているものですから、帝国の王立研究所が堂々とそういうものをやってよろしいという雰囲気が強かったということであろうと思います。

哲学も、私も正直言ってあまり知りませんが、いわゆるドイツ観念論というのがカント・ヘーゲルであって、そういう枠の中で育っていくドイツ資本主義に適応した倫理を生み出したドイツと違って、ウィーンでは、カント以前のライプニッツの線、スピノザあたりもそうですが、そういう線のところへ堂々と先祖返りをする。それの大きな力となったのは、ヘルバルトだと言われるわけです。ヘルバルトのような哲学は心理主義をいち早く入れる。ドイツのヘーゲル主義の中ではとても許されないようなことがらが可能になるわけですから、いち早く実験心理学的な、心理学それ自体がひとつの医学の対象となりうるような素地があり、それが哲学講座の中で行なわれたということがあります。

ブレンターノや、その後のエルンスト・マッハはウィーン大学の哲学をになう人物ですが、そういう人たちが哲学者でありながら、心理学の方に大きく傾斜していく。ドイツのカントやヘーゲルの優位の体制とは非常に違います。ギムナジウムのあり方、教育体制については、プロイセンの場合はご承知のようにヘーゲル、アルテンシュタインの線で、文部省と組んで作り上げたギムナジウムの体制だったのですが、そういうものとは非常に違った学術体制があったわけです。したがって、マッハが出るのは当然のようにして、ある意味では出るべくして出た。その時に、ギムナジウムの中でも近代経済学を作ったメンガーやフロイトなどが出てくるのは、ほとんど有名なギムナジウムに集中している。そういうギムナジウムの教育体制自体が、やはりこれはヒュームやミルというイギリス経験論を正面から入れてくる。フロイトにしても、若い頃からミルの翻訳をブレンターノに頼まれてやったりしているように、若者自体がそういう雰囲気にあったということであったのだろうと思います。

したがってマッハのいわゆる感覚要素論がベストセラーになるわけです。このEmpfindung（すなわち感覚）というのは、日常ドイツ人が使っている感覚、すなわち五官の中で、中村雄二郎先生がよく述べられている視覚・触覚・嗅覚・味覚・聴覚という五官で、われわれが使っているEmpfindungとは違う。そういうものを一度、sinnlichなエレメント、sinnlichという言葉に一度置き換えてしまう。Sinnlichkeitと言えばカントが使うわけですから、そういう感性的要素へ帰る時に、彼は色や音や熱や圧力、それからカントが行なったような空間や時間といった、もうそれ以上分解できないようなところまでの要素に一度切り崩して、それを感性的要素というものにしてしまう。そうすると、ものの考え方が非常に中性的というか、そういう感覚でいえば主観と客観があるというような、そういうものを感性的な、sinnlichな要素というものの組み合わせによって、ものというものは感覚というものが組み合わせられたものが感覚であるという。

ですから一度はそうした中性的な意味にこれを組み替える。そのときに実体というものがないんだと。非常に関数的・機能的な関係としてこれを見ようということになります。そうすると、今まで当然常識のように考えていた精神や物質や、物体と自我、時間があって物体があるとか、そういう主観と客観を前提にしたような議論、言葉自体は、これは思惟経済説上のひとつの記号になってしまう。これは相対的にはあるかもしれないけれど、それは実体ではなくて記号であるというふうに見るものですから、極めて自我そのものが流れるようにして捉えられてしまう。自我というものを、ラジカルに否定していくことができたのではないかと思います。ダーウィン的な進化論の認識論をそこへ入れるものですから、いっそう流れの中の一地点としてそういうものをつかまえる。こういう捉え方というのは、ドイツの中ではなかなか許されないようなのです。ウィーンだからこそそういうことができたのではないかと思います。

するとウィーンの文学者の方は待ってましたとばかり、ヘルマン・バールはこういう「救われざる自我」という風に、感覚要素論と同じ言葉で自我の崩壊を告げていきます。ですから世紀末の寵児、バールは神経小説というものをどんどん書き出してきます。神経小説といえばシュニッツラーという人物も、マッハとフロイトの線の文学者として登場します。それからホーフマンスタールにしてもそうですが、『特性のない男』を書いたムジールも、大学の中ではマッハの理論そのものをドクター論文に仕立て上げます。そういう風に文学の方もそうですし、科学の方でも、ゲシュタルトの生みの親とも言われるエーレンフェルスのような人々が、マッハの影響を受けます。その影響のあり方は、個別にではなく全体にわたるという傾向がありましたから、エーレンフェルスだけでなく、近代経済学を作ったメンガーなどもそれに非常に惹かれた方だといえます。

三　感覚論の引き起こした諸科学分野の知的組替え

この感覚論というものはどういう風に捉えられたのか、ということになると、先ほども言いましたように、新しく勃興してきた精神医学や物理学、生理学、生物学、そういう諸分野が相互に入り乱れて、学派をどんどん作っては壊し、作っては壊しという、ひとつの地殻変動といいますか、そういう動きを示したものであるといえると思います。しかし何と言っても物理学なり、われわれが理系と言っているものも、ドイツではやはりカント・ヘーゲルの枠の中に入るわけですから、哲学部の中に入ります。哲学部の中にありながら、その当時独立していた医学部の連中と哲学部の連中の理論がどこかのところでドッキングしていくということになります。そうした時に一番大きな衝動を与えたのはダーウィニズムです。とてもドイツの学会、医学部や物理学からしても相容れないものが、イギリス・フランスからやって来るというような事態をもたらした。このことが感覚論というものを、いわば渦巻き状況にするわけです。

それはまず、メスマーの動物磁気説ですとか、非常にポピュラーになったのは催眠術です。そこらあたりから精神医学そのものが、サイコテラピーというか臨床医学の中に入ってくる。今までの精神医学では許されない質のパラダイム変化の動きを引き起こしてくる。そういう時にやはり大きな影響を与えたのは、フランスのリボーとかベルネームといったいわゆるナンシー学派です。チューリヒのモレルもそうですが、その点でユングらのいたチューリヒは早くからその洗礼を受けているということになります。そういう意味では、フロイトにとっては何と言ってもシャルコーのサルペトリエール病院のヒステリー患者の憑依状況の実験ですね。彼はシャルコーのあり方から強烈な影響を受けてドイツに帰って来た。

ところがフロイトの場合には、いわゆるウィーン医学部の体制の中では、堂々とこんなものを受け入れるわけがない。もし受け入れたなら、やはりフロイトは大学から去らなければならないでしょう。こういう点でフロイトはウィーン医学部主流に忠実なランゲ／ヘルムホルツの生物学的物理学というか、心理学的物理学というか、ドイツのオーソドックスな枠組みの中にある物理学の線に、大学の中では忠誠を誓っているようなフリをしている。初期の彼の書いている論文自体は、ニューロンなどのような実験的な神経学ですから、まともな異端ではないわけです。だからこそ教授になれたわけですけれども。表はそうですが、裏の方では催眠術からシャルコーに至る線を、実際は自分たちのグループという大学を出たところではそれをやっている。そのあたり、フロイトは、学会では全然問題にならない『夢解釈』というようような本を出版するわけですし、それから煙突掃除といわれるいわゆるカタルシス療法というようなフロイトの精神医学を作り出すような方法は、ここらあたりの線から出てくると考えてよいだろうと思います。そういうものは、大学の医学部の中ではとても認められない。ですからブロイヤーですとか、ウィーンのアカデミーのような、王立研究所のような所で研究している人たちと連絡を取りながら、こういう仕事ができているということであろうと思います。二刀使いをしているような感じがしますが、ヘルムホルツ的な線のところで、カント的な枠を崩さない形で実験心理学を進めていくか、完全にカントから離れたところで、そういう得体の知れない催眠術やいわゆる狂気、憑依状況にあるもの、こういうものへと入っていくか分かれますが、後者がいわば「感覚」をアクチュアルな問題として引き起こしたと見ていいのではないかと思います。

マッハとフロイトはお互いに行き来もないし、思考回路も違うのですが、出てきたところが偶然お互いよく似ていることが分かる。これがウィーンの風土的なあり方だと思うのですが。それともうひとつは、同じようにヘルムホルツを打ち破る線というのはライプツィヒにあります。ノーベル賞をもらった有名な物理学者であるオストヴァルドがエネルギー一元論というものを発表しましたが、ノーベル賞をもらったからと言って科学的に正確なのかというと、これは実際わからないわけです。彼がエネルギー一元論を提唱したさい、彼の理論は科学の分野だけでなく、社会の倫理運動にまで高まりを見せます。

そしてオストヴァルドぐらいになってきますと、生活力 Lebenskraft というようなものが生活エネルギーになる、そういう生活エネルギーという概念を一度作り上げると、行動そのものがすべてエネルギーに換算できるという風に考える。感覚も意志もエネルギーで換算される。規範もエネルギーで換算される。そういう精神的なものはすべて神経エネルギーの働きになりますから、その総和の中で人間活動というものが捉えられるんだというわけです。たとえば刑法第何条もエネルギーに換算するといくらになるんだ、などという風に一元化してしまう。その中に感覚も入ってくるということです。

それともうひとつ注目すべきことは、ダーウィニズムの影響ですね。これからドイツの科学界から哲学なり思想なりが、いったいダーウィニズムを受け入れるべきか否かということが、とても大きな選択になる。大学に就職をする場合でも、ダーウィニズムへの態度が非常に重大になってくる。ユダヤ人がユダヤ教から改宗するかしないかというくらいの意味合いを持ってきます。このようにダーウィニズムが議題になる中で、それを堂々とやったのがヘッケルです。幸い彼の場合は、ダーウィニズムとゲーテのモルフォロギーを同時的に融合したということで、ドイツ人の意識にとっては違和感がなかった。ダーウィニズムをゲーテ化する、モルフォロギーと進化論を一体にして見るというものです。

ヘッケルという人物については私もよく知らないのですが、何と言っても発想が奇想天外で、よくこんなことが言えたもんだというようなことがありますが、このあたりにフロイトがずいぶん感激して、影響を受けたわけです。だいたい感覚にしても、極端なところ石のような無機物であっても感覚というものはあるのだと。それが進化して原子になり、細胞になる。それから下等動物になる、高等動物になる。すると今度は無意識を持ったひとつの人間感覚から芸術、さらに総合的な Seelen（魂）というか、そういうものの発想へ人間は進化しているものだと。それを貫くのは感覚であるというところを見れば、万物霊長すべて感覚ありきということになります。

そうすると、ギリシャのエンペドクレースの物活論、Hylozoismusといったものが復活します。エンペドクレースが実際にそうであったかというと、私も調べましたがよくわかりません。何しろ彼らの時代、つまり世紀末の時代、裸体運動や生活改善運動の頃は、エンペドクレース論ルネッサンスです。つまり万物霊長すべて感覚というものを持っているんだと。それが進化論によってラディカルになり、やがてわれわれを感激させるような芸術にまで高まるんだということが言われるようになります。ここでは詳しく触れませんが、力と物質とか感覚といったものは一体なのだというものです。感覚というものを通じた、ひとつの異次元というものを基底に考えていきます。このヘッケルという人物は、ご存じのように「個体発生は系統発生を繰り返す」という説を定着させた人ですから、ダーウィニズムというものをこれほど喧伝した人は他にいないと言ってよいのではないかと思います。

フロイトは精神分析において「幼児性欲」という言葉を出しますが、彼はマッハにおいては非常に中性的な感覚であったsinnlichという言葉をエロス、いわゆるセクシャルなものと一体になると解釈します。個体発生が系統発生を繰り返すように、人間からサル、サルから爬虫類…とさかのぼってアメーバの段階まで遡るわけですが、こういう時にすべてのものが初めからsinnlichありきということなのです。そういうものを引き出したのは、ヘッケルの影響を受けたベルシェの作品なのですが、それが当時一番のベストセラーになったそうです。ベルシェの本はディートリヒス出版社から出版され、世の中を変えてしまうわけです。非常によく読まれた本ですが、フロイトもそれに全面賛成と言ってよいほど共鳴しています。言ってみれば、性欲と食欲というものは初めから一体のものだと。いわゆるガストレア（原腸）というものなんですが、そういうものが口から栄養を摂取する。栄養を摂取すること自体は、愛の発現であると。食欲も性欲も一体化しており、それがいつの間にかsinnlichなものに変わる、増幅することによって、爬虫類、つまりワニの段階になって初めてオスとメスが交尾できる生殖というものができた。それまでは性交がないのだと。だからそういう目で見ると、どうも口の方から入れるのと、排出してくる段階、それから肛門を生かす段階、それから生殖器が現われてくる段階。そういうところからフロイトは口唇期とか肛門期などの期間の区分をしていきます。だからよく見ると後のダーウィンに見るような、動物と人間のエモーション、情動というか情念というか、そういうものの表現に影響されている。幼児の行動を観察するとセックス的な仕草をするような行動は、どうもある系統発生を経てきたものの現われであるというようなダーウィンが出してきた説に惹かれます。セクシャルな行動はsinnlichだと。するとsinnlichなものの意味は一貫して解けることになります。

だから、フロイトはフロイトでそういう形で解いていこうとするし、ベルシェの場合はベストセラーになった本ですから、科学と芸術との一体性というものを堂々と出していきます。『人類の起源』『自然科学と詩』とか、非常にはっきりとした、詩と自然科学を一体化させるものを出します。当時は非常にこの考え方に酔っていた時代であったろうかと思います。そこへ感覚論が出てくると、この人間と動物というものを、カント的な考えというか、人間中心的なドイツ観念論では考えられなかった、自然科学者の方が人間と動物というものを系統発生で連続させてしまう。人間はサルから極めてスムーズに連続していくわけです。それも系統発生を繰り返すわけですから、言うことはない。そうすると、人間と動物、文明人と野生人というものの境界がなくなるものですから、それをある者はEmpfindungでつなごうとするし、ある者はsinnlichなものでつなごうとするし、またある者はエネルギーでつなごうとするわけです。こうなると、今までドイツの教育体制を支え、大学をも支配していたと思われるものが、自然科学の方からそういう噴出が起こるものだから、哲学自体の大きな内部変化が起こらざるをえない。

四　感覚論をめぐる知の対抗の見取図

そうすると、一方では「カントに帰れ」というようなひとつの新しい流れが起こる。新カント派の抬頭です。彼らは主体と客体の二元主義を堅持します。それに対して、ヘッケル、オストヴァルト、マッハたちは一元論で対抗する。『純粋理性批判』の時のカントは、神や自由や霊魂の不滅性といったことに非常に消極的であって、それを遠ざけているけれど、『実践理性批判』の時にはむしろ、それを体験の中の御本尊にしてしまっている。非常に矛盾しているということを彼らが言いはじめた。彼らはすべて『純粋理性批判』から出発しながら、結局はカント批判の方へ回っていきます。そういうところで、ヘッケル、オストヴァルトの一元論というのは、新しい倫理運動を起こし、公然とローマ教会に対抗する。背後に一種のプロテスタンティズムがあったものですから、文化闘争の波に乗って、教会に鉄砲を打ち込んだりします。そういう点で、あの頃は無尽蔵に出てきた新しい倫理運動がありますが、そうした科学論の背景をそれぞれ持っているということです。単なる宗教運動でなしに新しい倫理運動と結びついたものだった。

普遍史・文化史のランプレヒトもそうした潮流の一人であった。日本の和辻哲郎さんなどはランプレヒトの影響と思えるのですが、ドイツの歴史学の中でひとりランプレヒトが、孤立無援の反乱者のようにして戦っている。すなわち歴史学の中に心理学を入れ、感覚論を入れる。彼は感覚そのものを歴史学の中に入れながら、感覚が一番高ぶる段階が、現在の刺激の多い Reizsamkeit（神経過敏）の時代として現代社会を捉える。美学もそうなのですが。そういうもので歴史学を見ないで、今までやってきた歴史学の人はやはり論理的や批判的実証主義といった言葉を掲げて、歴史学を空疎なものにしている。そういうところに、このような方法論が出てまいります。ここから大きな影響を受けたのは、今日の日本でもよく知られるアビ＝ヴァールブルグです。彼は「神は細部に宿り給う」と述べ、新しい図像学を展開します。この図像学が、やはりランプレヒトの影響下にあります。そういう点で、ランプレヒトもオストヴァルトもヴントも、彼らはライプツィッ大学をひとつの新しい知の拠点として、ドイツの思想界をかき回してくるということになります。

それに対してハイデルベルグの方は、クラーゲスのような「表現学」や「性格学」を通して人間学を構築した思想家は、イギリスの経験論や感覚論、Sensualismus を受けつけず、ドイツ人独特の世界において心理学を組み立てていく。Anthropologie という人間学は、ドイツのアンソロポロギーでないと駄目だという線を非常にはっきりと出します。

五　マックス・ウェーバーと感覚論

はじめにお話しましたマックス・ウェーバーが同時代の感覚論にどう対応したかという点に返りますが、ウェーバーは、批判的歴史主義の歴史学的方法から社会科学の方法を作り上げるアプローチを採った学者であります。その際彼は当然のように、新しい社会科学のために社会学の方法に依拠し、宗教、芸術、音楽のような感覚を生命とした分野には宗教社会学、音楽社会学という独自の学問分野を切り開いたわけです。そのさい彼は科学者の認識にはどうしても価値理念が入る。そこで研究者主体の側における価値判断を意識的に抑制しようとしました。いわゆる「価値自由」であります。それは講壇での予言を排する「講壇禁欲」に通じたわけです。そのために宗教に対しても、神との合一といった神秘主義にたいして、学問的禁欲の立場から宗教社会学を創りあげた。審美的感動にたいして、芸術社会学、音楽社会学で表現しました。そのため青年たちに「体験」(Erlebnis)とか個性(Persönlichkeit)を求めようとする態度を批判しました。その際この体験が当時「センセーション」(フランス語で「サンサシオン」)と使われていることを取り上げ、これをある種の「偶像崇拝」だと決め付けているわけです。(『職業としての学問』二九頁)

ここでもフランスの文学、芸術から伝播した「センセーション」という感覚表現が、ドイツの社会科学者ウェーバーによって否定的に評価され、しかもモーセの十戒に遡る「偶像崇拝の禁止」「図像化禁止」の精神的系譜に繋げている。そのため彼は前に述べましたランプレヒトやオストヴァルドの学問的方法を知性主義と感覚主義のバランスから逸脱して、感覚主義に流されていると見るわけです。それは心理主義に通ずるとされます。そういう態度には非常に厳しく、言葉汚く批判する。当時の時代感覚を取り入れた歴史家ランプレヒトに対しては「非常に下品 Feuilletonist」だ、つまり安っぽい、下品な売文家だというわけです。ノーベル賞を貰った科学者オストヴァルトに至っては「疑似科学の典型的な例」として批判します。彼から見ると刑法規範をエネルギーに換算するようなことは経験科学と価値判断の混合の典型的なものであるということになります。

六　フロイトと感覚

ランプレヒトやオストヴァルトに対して批判したウェーバーはフロイトの理論についても学問的価値を認めながらも、精神分析運動に対してはそれが学問的内容と独断的な価値判断との混合であり、オストヴァルトと同じように倫理的な規範を創りだすと批判しています。フロイトが「無意識」発見のさいに用いたカタルシス療法です。フロイトはそのさい「消散反応」(abreagieren)という概念を使ったのですが、ウェーバーにしてみれば本能生活の低俗な情動の消散反応であります。精神分析が用いるリビドー(Libido)そのものは Sinn(感覚)と同義なのです。ですからリビドーを論じた論文を社会科学の雑誌に掲載することは学問上許されないというわけです。ウェーバーが、社会科学の中に感覚という心理主義を忍び入れることを極端に排除し、またそれが許されたのは、彼の学問的方法論が当時の存在と当為の峻別を信条にした新カント派が隆盛していたという時代背景があります。少なくともウェーバーを取り巻く知的環境では、カントの倫理観が支配していました。

ところがフロイトはカントの哲学には無縁でありました。しかしフロイトは前に述べましたように、リビドーをsinnlichなものとして性欲と一体化します。彼は幼児性欲論から出発したのです。だからこそウェーバーのようなカント的倫理観からは逸脱していたわけです。しかしフロイトは亡くなる前に渾身の力を込めて書き綴った『モーセと一神教』のなかで自分の分身とも見たモーセの教えを、「感覚性」(Sinnlichkeit)に対して「精神性」(Geistlichkeit)の優位をユダヤ人に遺言のように提示しました。いままで一度も倫理観に関連する言葉を述べたことのない精神分析家フロイトが、なぜそのとき「精神性」という用語を用いて「感覚性」に対して優位を説いたのか、精神分析学者から疑問とされました。少なくともフロイトには心の闇の解読を成し遂げたというイメージがあるからです。啓蒙主義の教育を受け、生涯もち続けた証か、それともナチスの圧迫下にあって自らの懐いたロマン主義の抑制から来たのか。論議の分かれるところです。それについて考えられるのは、一九三四年段階でユダヤ人の心の支えになっているモーセを採りあげたフロイトの気持ちには、ユダヤ教の最も偉大な預言者モーセの十戒の第二の戒め、「偶像崇拝の禁止」「図像化の禁止」が脈々と流れ、Sinnlichkeitの抑制とGeistlichkeitの優位を語らしめたのではないかとも考えられます。

以上のように見てまいりますと、感覚論は同時代史的に哲学・文芸・自然科学と関連しあい、それらの思想的文脈で考えなければならないことがわかります。とくに世紀末のように、文学・評論・メディアの急激な膨張は感覚論が自然科学の発想自体にも影響を及ぼすほど隆盛になる一方で、哲学・歴史学に代わって新しい社会科学が登場しました。そのさいに心理主義をめぐっての感覚論と社会科学との相克も時代現象として注目すべきでしょう。

それとともにヨーロッパのレベルで、ヘブライ思想、とくに旧約から発した被造物神化＝図像化＝偶像崇拝の禁止の箴言のもつ影響力の重要性であります。資本主義の精神を醸成したピュリタニズムの倫理に潜む感覚の抑制も二十世紀の思想にも影を落としております。そういうヨーロッパ思想の歴史性も見落とすことはできないと思われます。

第六章　感覚と生命

――共通感覚論の新しい展開――

中村雄二郎

はじめに

今、上山（安敏）先生のお話を拝聴していて、いろいろと教えられました。上山さんのお仕事はほとんど存じあげていますし、いろいろな点で啓発されているのですが、今日のお話はとくに、今までこういうかたちで問題をとり上げられたことがなかったもので、とても刺激的でした。

引き続いて私の話を始めますが、最初に、つまらないことなのですが、ちょっと私にとってのこだわりを述べておきたい。今回、日独文化研究所の公開シンポジウムという、このような催しで講演をするよう依頼を受けて、実はちょっと複雑な気がしたのです。というのは、私は主としてこれまでフランス関係のことをいろいろとやってきてはいても、ドイツ関係のことはあまりやってきていない。もっとも、よく考えてみると、私は旧制高校の卒業はドイツ語専攻の文乙だったのです。最初は理甲という理科系でした。そのときは物理学をやりたいと思っていて、本気でとりくんでいたのですが、敗戦になって価値の大転換が起きたため、「事実」より「価値」のほうが大事だと思うようになって、「フィジックス」から「メタフィジックス」へ、つまり哲学のほうに行くことにしたのです。そういう事情があったので、東京大学の文学部の入学試験はドイツ語で受けました。当然少しはドイツ語の勉強もしましたが、よくもあんなことで入学試験が通ったものだと思うのです。こんなことは言わなくともよかったのですが、気持の上でそれを言わないと今日の話を始めにくいので、申し上げた次第です。人間の個人的な思いというのは、結構くだらないことが多いと思うのですが、これもこじつければ、一種の感覚論の問題ではないか、と思うのです。

一　共通感覚論の狙いと成果

さて、今日お話しするのは、「感覚の哲学」というテーマですが、先ほどの司会者のお話にもあったように、「感覚と生命」という問題がその背後を貫いている。そこで私としては、今一番ホットに考えていることをお話ししたいので「感覚と生命」を標題にして、「共通感覚論の新しい展開」という副題をつけた次第です。司会の大橋先生が先程触れてくださった『感性の覚醒』という私の著書は一九七五年のものですが、考えてみれば、それにはるかに先立つ処女作の『現代情念論』（一九六二年）にしろ、『感性の覚醒』につづく『共通感覚論』（一九七九年）にしろ、日本における哲学として終始、情念や感覚、つまりは〈パトス〉を問題にしてきたことをいささか自負しています。なぜ『共通感覚論』を書くことになったか、といういきさつはあとで立ち入ることにして、とりあえず、情念や感覚への私の持続的な関心は、一言でいえば、私が基本的に合理主義者だからです。この点は誤解されやすいので、はっきり申し上げておきます。

そこでレジュメにそってお話しすることにします。「感覚」と「生命」というのはある意味では非常に近いのは誰しも気がつくことです。生きものは、生きていなければ感覚はないし、もちろん生命もありません。けれども、この生命と感覚とを哲学的につなげるのは案外厄介なのです。これは一般的に厄介なのか、あるいは私にとって厄介だったのか、という問題はありますが、いずれにしても、そのようなことで、私の話を展開していきたい。

「感覚論」というのは、近代では——上山さんのお話では、ドイツの感覚論によって知の地殻変動が起きたなまなましい現場をうまくとらえていただいたわけですが——ふつう、感覚論というと、たとえば十八世紀のフランスの感覚論とか、それからさきほどの話に出たマッハの場合もそうですが、認識論とか唯物論のほうへ行ってしまう。だからなかなか感覚をトータルにつかまえるということはしにくい。そのときに、一つの問題は、分割させてしまえばさまざまな個別感覚になるけれど、これを全体で捉えようとすると、たとえば現象学的な知覚論になってしまう。その点で、現象学的な知覚論、メルロ＝ポンティに代表されるような知覚論があるし、それはそれですぐれたものです。それから、それを受けついで日本でもいろいろといい仕事が出ています。ただ私はこう思うのです。メルロ＝ポンティ流の知覚論は、本来は現象学的方法によっているので、もっともありのままに、自然言語によって、できるだけ価値判断をぬきにして記述するので、感覚のリアリティーに近づいたはずだと思うのですが、どうも変なのです。というのは、そうすると感覚のもっている色彩というか色つやが無くなって、いわば脱色されてしまう。それが私には、なんとはなしに不満であったのです。

それならばいっそのこと、もう一度、素朴かもしれないけれど五感というものに立ち戻ってみたらどうか、と考えたのです。私は以前から、ずっと自分のことを視覚的人間だと思っていました。今でももちろんその傾向がつよいのですが、視覚的なことばかりやっていると、逆に、急に聴覚的なことが面白くなってきたのです。それである種の音楽論とかリズム論にのめり込むようになったのです。いったいこれはどういうことなのかとも思っているのですが、いずれにせよ、私には視覚に対するつよいこだわりがあるのです。

視覚・聴覚・嗅覚・味覚・触覚の働きは、けっしてばらばらに働くわけはないけれども、それぞれの感覚の特徴を立てたほうがかえっていいのではなかろうか。そのほうが、われわれが実生活上に感じている問題や芸術上に感じている問題について、いいヒントを与えてくれるものになるのではなかろうか。そう考えて「共通感覚論」をやってきたのです。しかし、そういうやり方をしていても、必ずしもすぐに「感覚」は「生命」につながるわけではないのです。ただし、いろいろな個別感覚を入口にして考えたり、問題にしたりすると、興味深いことが出てくるのです。比較的最近も、小泉武夫さんという、味覚と嗅覚、味とか匂いなどの専門家の方と対談をしたのですが、たいへん面白かった。嗅覚というのは今まで感覚の中で一番否定的に捉えられていたものですね。「におい」というのは日本語の表記で「臭い」という字を書くと、それ自身が価値評価になってしまう。

もちろん「五感」というのは実は人間の有する諸感覚の代表であって、現在の生理学の分類では、別のものもあります。けれども、生理学の本をよく読んでみると、「五感」以上の有効で説得力のある分類があるのかというと、ないのです。だから人間の感覚の働きを五感で代表させても、その代表のさせ方によっては必ずしも不正確ではない、ということになるのです。

私は『共通感覚論』という本を七十年代の終りに書いたのですが、結果からすると私がいろいろやってきたことのひとつの区切りになりました。どうして『共通感覚論』のようなことを企てたかというと、当時は、構造主義の言語論が一世を風靡していました。構造主義の言語論はたいへん精緻でしかも面白いけれども、言語というのは非常に危険なところのあるもので、言語をじっと見つめていると、底知れぬ井戸を覗いているようなことになり、果ては狂気に陥りそうになる。事実、構造主義の言語論をやっているとき、これは自分の頭がおかしくなったのではないか、と思ったことがあるのです。そのころ、ちょうどある精神科の先生と対談することになったのです。慶応の小此木（啓吾）さんでした。どうも私は頭がおかしくなってしまったらしい、変なのではないかと思う、と訊いたのです。すると小此木さんは、そんなことを言っているようではまだ大丈夫です、と言われたので救われたのです。ひとたび「それは入院したほうがいい」と言われ、入れられてしまったら、あとどうなったか、わからない。チェーホフに有名な『六号室』という小説がありますが、これは、ひどくおそろしい小説です。六号室（精神病室）に一度入れられてしまったら、狂気と正気の区別の線引きによって精神病患者にさせられてしまう話です。それを鮮かに書いたものです。

二　共通感覚論から場所論へ

そういう次第で言語というのは本当に扱いにくい、考えにくいものだ、と思った。日本でもすぐれた言語論者、たとえば、いまは亡き丸山圭三郎さんのような人が出てきて、ずいぶんよくがんばってソシュールを咀嚼した。

しかし私は、自然言語に対してもう少し別の攻め方はないのだろうかと考えたのです。そしてその結果探り当てたのが『共通感覚論』という接近方法だったのです。それはどういうことなのか、簡単に言いますと、こうなります。通常は、まず「論理」があって、次に「言語」があると見なされている。また、「論理と言語」という問題は、「初めにロゴスありき」というそのロゴスを言語と訳せば、両者は同じになる。事実、これまで哲学上では、ほとんど論理と言語は同一視されてきました。しかしこれは事態をあまりに単純化しすぎている、というのが自然言語を対象にした言語論が出てきたゆえんだと思うのです。そうだとすれば、言語のオーダーでものを考えるのにはどうしたらいいか、ということになるわけで、私はそういう方向で「共通感覚論」を考え始めたのです。つまり、人工言語ではなく自然言語で考えていくオーダーを考えた場合、どういうことが出てくるかということになる。

五感というものを、バラバラではなくて統一的に働かせているものとして、古来「センスス・コムーニス」が考えられてきました。これはギリシア語の「コイネー・アイステーシス」に由来するもので、出典は、アリストテレスの『デ・アニマ』のなかにあります。この概念に出会ったとき、私は大きな喜びを感じたのですが、とくになるほどと思ったのは、イメージの問題でした。論理というオーダーではなく、さらにイメージが加わった言語というものを考える場合には、「センスス・コムーニス」のオーダーでいいのではないか。これについてはここにいらっしゃる木村（敏）先生のお書きになったものや個人的なお話にいろいろヒントを得ました。それからアリストテレスの共通感覚説では、西谷啓治さんの『アリストテレス論考』という本から多くを学びました。

私が「共通感覚」について面白がってあれこれ考えていると、やがて、実は西田幾多郎もアリストテレスの「共通感覚」について関心をもち、書いているのを知りました。いまだに私にとっては定かではないのですが、西谷さんと西田さんのどちらが先にアリストテレスの「共通感覚」に関心を持ったのかも興味深い問題です。いまのところ私の大まかな推測からすると、どうも西谷さんのほうが先なのではないか、という気がします。いずれにせよ、私は、「共通感覚」という概念と問題に出会って、これは自分なりの言語論を考える絶好の手がかりになると思ったのです。

そのように共通感覚の観点から言語の問題をみていくと、少なくともある程度言語の毒に当てられずに済むのです。先にも申しましたが、言語というのはじいっと眺めていると魅入られてしまい、こちらがおかしくなる。ソシュールの場合もそうだったし、丸山圭三郎さんも、最後はかなり狂気に近づいていたのではないか、と思うのです。しかし、これは、ニーチェの狂気やフーコーの狂気と同じように、決して馬鹿にして言うことではなく、ある種の畏れと尊敬をもって言っているのです。それくらい言語を見つめるということはおそろしいことだと思うのです。

さて、私の場合、アリストテレスとの関係で、「共通感覚論」から、当然、場所論＝トポス論というところへ移っていきました。アリストテレスが言った「場所」ということを、もう一度別のかたちで捉え直してみよう、ということで、たとえば、「存在根拠としての場所」、あるいは「場所としての身体」、あるいは「象徴空間としての場所」ということを問題として提起したのです。それから、言語そのものがトポスだということを、私はとても面白いことだと思った。それは、「場所」ということと名前、言葉というものの対応――トピックという言葉がありますが、それもつながっている――に関心をもち、「場所」論のほうへ問題を展開していったのです。

ところが、それをやっているうちにまた、そこから新しい問題が出てきました。それは「リズム」という問題です。なぜリズムの問題がこんなところへ出てきたのかというと、一つには、「かたち」論の延長としてです。ものの〈かたち〉というのはもちろん哲学上の基本的な問題です。もともと「エイドス」とはかたちの一種です。〈エイドス〉とはほとんど〈イデア〉と同じであり、「理性的なかたち」なのです。私は、自分が哲学としてやる以上、〈かたち〉論はエイドスから出発しなければならない、と考えたのです、そこから次に出てきたのはもっと動的な〈モルフェー〉です。モルフェーについては――今日の司会者の一人である芦津先生が詳しいように――ゲーテの「モルフォロギア」、形態論がはっきり考察の対象にしています。この〈モルフェー〉というのは〈エイドス〉のような明確な静止的なかたちではなくて、もっといきいきとした動的なかたちです。モルフェーが面白いのは、「モルヒネ」という言葉の語源であることです。モルフェーとはギリシアの眠りの神のことで、この神は、眠りの神とはいっても、ぼやっとしているのではなくて、暗いところからダイナミックに姿を現わすのです。

四　生命的なかたちとリズム

このように、〈エイドス〉、〈モルフェ〉という方向で「かたち」を考えていくと、結局その先に、〈リズム〉を考えなければならなくなりました。先ほどの視覚・聴覚の話に関係させていえば、視覚的なかたちだけではなく、聴覚的なかたちも考えていけば、〈聴覚的なかたち〉とは何か、ということになり、そこから、どうしても〈リズム〉にまで行かざるを得ないのです。そのことは、一九九一年に出した『かたちのオディッセイ』(副題は「エイドス、モルフェー、リズム」)で詳しく論じてあります。

こうして、〈リズム〉にまで至ると、〈生命〉という問題に大分近づくことになります。ところが、ここで私のなかに一つ大きな理論的転回がありました。それは、哲学者の人名でいえば、「アリストテレス」から「プラトン」への転回です。共通感覚論の立場は主としてアリストテレス的です。ところが、ご存じのように西洋哲学の大きな源流といえば、プラトンとアリストテレスになります。ある時期まで私はプラトンが非常に苦手だったのです。なぜ苦手だったかというと、一つには、プラトンは対話篇で知られていますが、〈文学的〉ともいわれる彼の理論には、いろいろな飛躍があるように思われ、つよい違和感を感じていたのです。

ところが、いろいろと、「場所」論の展開として〈リズム〉について考えていくと、プラトンとはっきり向かい合わざるをえなくなりました。広義の場所ということをいえば、アリストテレスでは、「トポス」と「ヒポケーメノン」という、二つの場所的な概念がありますが、プラトンでは、一般に「場」と訳される〈コーラー〉があります。この「場」と「場所」はどう考えてもとても近いのですが、私にとってはある時期までは非常に越しがたい断絶があって、困っていました。困っていたところ、たまたま一つの手がかりを見つけたのです。プラトンという人は、アリストテレスとつなげて考えるからわからなくなるので、むしろもっと古いほうにつなげたらどうか。古いほうというのは、ピュタゴラスです。私はなんとなく、ピュタゴラスが昔から好きなのです、ピュタゴラスというのはご存じのように数学者であるとともに宗教教団・結社を作った人で、マグナ・グレーキアで活躍した人です、一時私はイタリアのナポリの歴史と文化に凝ったことがあります。旧ナポリ王国のナポリ地方は、昔のマグナ・グレーキア、「大ギリシア」に属しています。あの辺へ行くと、イタリアの他の地方とは大分違います。そこからは、ピュタゴラス以後にも、トマス・アキナス、ブルーノ、カンパネラ、そしてヴィーコにもつながってくる線があるのです。

ピュタゴラスを念頭に置いてプラトンを見てみると、プラトンの対話篇で、宇宙論を扱っている「ティマイオス」があります。この対話篇はふつうではどうとらえていいかわからないような難しいものなのですが、恰好な合い鍵が見つかりました。『ティマイオス』の中にある「振動する箕」という〈コーラー〉の捉え方です。「振動する箕」の箕とは穀物などを揺さぶって振るい分ける農具です。要するにそれは、宇宙の根源というのは、「振動する箕」である、ということを言っていたのです。それに気がついて、これはすごく魅力的な世界があるものだ、と思いました。

四　ハイデッガーの〈エアアイクニス〉概念との遭遇

それから見方をそちらへシフトしていくと、またまた自分にとっての大発見がありました。ハイデッガーの〈エアアイクニス〉です。私はハイデッガーという人がたいへん苦手でした。どこでどう自分と切り結ぶのかよくわからない。ハイデッガーには例のナチズムへの加担問題があり、どうしてそういうことが起きたのだろうか、ということぐらいの関心しかなかった。ところが、「同一性と差異性」という論文を読んでいたら、ハイデッガーにも「エアアイクニス」(Ereignis) という概念が出てきたのです。これは日本語ではしばしば仏教の華厳の用語を使って、「性起」と訳されています。この訳が良いか悪いかということで、ハイデッガーの専門家たちの間でいろいろ言われていたが、私は、日本の哲学用語というのは、何らかの形で、他の国の伝統的な言葉を受け継いでいるのだから、別に仏教用語であってもいいと思うのです。ただし、やはり区別がつかないといけないから、読みとしては「ショウキ」のかわりに「セイキ」と読むようにしたほうがいいと思っています。いずれにせよ、この概念に出会って、見えてきたのです。ハイデッガーのことは私は詳しくないのですが、そういう関心で、自分の筋で読んでいったら、やはり存在の根源にあるもの、もっとも原初的なありかたを、「振動する場」であるとして捉えていることがわかりました。そうなると、おのずといろいろなものが結びついて、たいへんなことになりました。

なお、この機会に私の西田哲学に対するスタンスについて申しますと、西田哲学については今になってみると、私はずいぶん永い間かかわってきました。西田さんの拓いた道は日本の哲学中では比類を絶していると思う。そう思うけれども、西田の場合でも、社会論となるとどうしてあんなにお粗末なのか、ずうっと非常に気になっていました。そのことは、プラトンやハイデッガーにもかかわってくるのです。

先ほど申したように、西田とプラトンとハイデッガーが、私のなかでつながってしまったのです。この三者は、存在の根源を捉えた点で、非常に画期的な洞察の持主なのですが、いずれも、その社会論には弱点があるように思ったのです。そのように自分で思った以上、なぜそうなるのかということを突きつめないわけにはいかない。そこで、私は「制度」論ということを導入するようになったのです。〈制度〉という問題は、西田の愛弟子だった三木清が、口火をきったものです。三木は、『構想力の論理』という、たいへん魅力的な標題の著作のなかで扱っていますが、この本の内容は、はっきり言ってあまりレベルは高くないのです。戦争中の事情があったりしたせいかもしれません。それでも問題の出し方がなかなかに面白いので、それを出発点にして展開を図ることにしたのです。

いろいろなことを申しましたが、結局のところ、私の思考において「感覚と生命」がどう結びつくことになるのか、その展望を最後に申します。まず、アリストテレス的な「共通感覚」論の立場だけで考えたのでは、生命の問題にまではなかなか到達しにくい。しかし、プラトンの『ティマイオス』の「振動する箕」のような観点や、ハイデッガーの「エアアイクニス（振動する場）」のような観点を入れれば、感覚と生命はつながるのではないか、と思ったのです。「感覚」から「生命」への筋道は、さきほどお話した「エイドス・モルフェー・リズム」という〈かたち〉の展開の系列のなかに置いてみると、見えてくるのです。もちろん細かく言うと、いろいろな問題が途中で出てくるでしょうが、とにかく自分が納得できるような仕方で問題を出しておかなければならないと考え、いまお話したような基本線でとらえるにいたったのです。

五　リズム振動と生命

しかし、こう言っただけではまだわかりにくいと思うので、亡くなったユニークな解剖学者三木成夫《しげお》氏の示唆と関連づけておきましょう。三木さんはその主著『生命の誕生』のなかで、海水の中からどのような仕方で生命が誕生してくるか、生命が進化の過程を経てどのような形態を持つようになるかを解き明かしました。すなわち三木さんによると、海水から生命は誕生するが、その記憶は母親の胎内にある胎児にも引き継がれる一方、胎児は母親の胎内で羊水のなかで生き、母胎との間で共振作用を行なっている。このような相互作用、さらには共振作用が、人間の生命の展開に、大きな意味をもつと考えたのです。今日の私の話の基本線をまとめて言うと、次のようになります。すなわち、「共通感覚」という考え方を、「リズム論」という枠組みのなかに入れて考えるとき、「感覚」は「生命」につながるのではないか。「共通感覚」という考え方はアリストテレスから出発したため、わかりやすい面がある一方、平面的で物足りない面がある。それは自分のなかでも感じたし、いろいろな人にメッセージを出して反応をみた場合にもあった。それゆえ、なんとか隘路を打開しなければならないと思っていたのです。実を言うと、今回この講演を依頼されるまでは、自分のなかの「共通感覚論」の問題と「リズム論」の問題とが、どこでどのようにつながりうるのか、あまり意識しなかったのです。こういう機会に、「感覚の哲学」という問いを出していただいたおかげで、「共通感覚」論を唱えている私にとっては、「共通感覚」と「生命」とどうつながるのかを突きつめて考えなければならなくなったわけです。

おわりに

もう一枚のレジュメには、『共通感覚論』の扉の言葉(注)を載せました。なぜこのようなものをつけたかというと、私は自分で本をまとめるときに、自分がヒントを受けた言葉を絶えず念頭に置いて仕事をするのです。『共通感覚論』のときにも、いくつかありました。たとえば、メルロ＝ポンティの「私はヘルダーとともに人間とは一個の永続的な共通感官＝センスス・コムーニスであると言いたい」というのは人間への新しいとらえ方を示したと思ったし、ハンナ・アレントが「共通感覚を奪われた人間とはまことに論理的に考えることのできる動物以上のものではない」と言っているのは、動物と比較しての人間の違いを、〈理性的動物〉というのよりも厚みを持った仕方で示している。またヴィーコは、「青年たちはなによりもセンスス・コムーニスのうちで教育するべきである」と言って〈教育〉の核心に共通感覚を位置づけている。またマルクスは、「五感の形成は現在に至るまでの全世界史の一労作である」と言って、感覚の歴史的厚味を指摘している。さらにキケロは、「雄弁術においてこの上なく不都合なのが、日常の言語とセンスス・コムーニスによる習慣からはずれていることである」と言って、古代人の最高の教養であった〈雄弁術〉と共通感覚を密接に関係づけている。他方で面白いのは、マクルーハンが、「テクノロジーにしっかりと直面できるのは、五感の知覚の事態を変化に応じさせることに習熟した真の芸術家である」と言って、テクノロジーから人間を守るものとして、共通感覚をとらえていることです。

それからまた、カントは「共通感覚とは他のすべての人々を考慮し、他者の立場に自己を置く能力である」と言い切って、人間の相互理解の基礎に共通感覚を置いている。

最後に、〈共通感覚〉を失った離人神経症患者の言葉としては、「音楽を聴いても、いろいろな音が耳に入り込んでくるだけで、何の内容も意味もない」というのがあって、共通感覚を欠いたときのおそろしさを実感させる。この離人神経症患者の言葉は、実は木村先生の論文から引用させていただいたものです。これらのさまざまな短い言葉をご覧になると、『共通感覚論』がどのような射程をもった問題意識で、問題を扱ったか、がわかっていただけるのではないかと思う。

しかし、そこには、リズム論がほとんど入っていないのです。今日はいろいろな領域の方がいらっしゃると思うけれど、私は哲学の領域をやっていて、もっと早く気がつけばよかったと思うことがある反面、あまり早い段階で気がつかなくてよかった、と思うことがあります。なぜかというと、あまり早く気がついてしまうと、前にやろうと思ったことが徹底してできない。むしろ、ある前提でやれるだけやってしまうほうがいいのではないか。そうすることで、おのずと自分のなかでなにが抜けているかに気がつくようになる。そして、気がついてくると、俄然その抜けていたことが面白くなってくる。そういう仕組みがあるので、結果としては、『共通感覚論』のときには、今から思えばかなり囚われていたもののとらえ方、考え方があったわけです。しかしそれは、逆に、その段階でやれることはやり尽して、次のジャンプが可能になったのではないか、と思うのです。

（注）『共通感覚論』の「扉のことば」

私はヘルダーとともに、人間とは一個の永続的な共通感官（sensorium commune）である、と言いたい。

メルロ＝ポンティ

共通感覚を奪われた人間とは、まことに、論理的に考えることのできる動物以上のものではない。

H・アーレント

青年たちは、なによりもセンスス・コムーニスのうちで教育されるべきである。

ヴィーコ

五感の形成は、現在に至るまでの全世界史の一つの労作である。

マルクス

雄弁術においてこの上なく不都合なのは、日常の言語とセンスス・コームニスによる習慣とから外れていることである。

キケロ

テクノロジーにしっかりと直面できるのは、五感の知覚を事態の変化に応じさせることに習熟した真の芸術家である。

マクルーハン

共通感覚とは、他のすべての人々のことを顧慮し、他者の立場に自己を置く能力である。

カント

音楽を聴いても、いろいろの音が耳の中にはいり込んでくるだけで、何の意味もないんです。

離人神経症者

ディスカッション

大橋　それではシンポジウムの第二部を始めさせていただきます。「シンポジウム」とはご存じのように「みんなで酒を呑んで論じ合う」という意味でございますので、ここではお酒は出ませんが、フロアの皆様からもいろいろご発言いただきたいと思います。

上山先生のお話は、十九世紀末に感覚論が引き起こした、科学の内部のパラダイム変化・地殻変動というものでしたので、思想史をやっている者にとりましては新鮮なお話でした。ふつうにはマッハという名前にはあまりなじみがないかもしれませんが、考えてみるとマッハ数というのは超音速数という、飛行機の速度の単位です。世紀末に始まったマッハの考えが、そのようにわれわれには意外な身近さを持っているという風に思いました。それからお話を伺っておりますと、十九世紀末に起こったこの地殻変動の続きの延長上に、われわれの時代の学問もあるということです。たとえば思想史をやっている立場からいたしますと、ウィーン学派のいわば準備をいわばマッハがやっているわけです。哲学のみならず、さまざまな学問の内部で地殻変動が起きたということからしますと、われわれの世紀末を考える上で、あらためて感覚というものがどういうインパクトをもつか、ということが問いになるかと思います。

その問いを受ける形で、中村先生の、いわばご自身の哲学の一端を、本日お話いただいたわけです。感覚と生命が知覚と遠さを持っていて、どこでつながるかという問いを提起されました。それがプラトン・ハイデッガー・西田などを経てリズム論、汎リズム論というところでつながっていくという、大きな枠組みのお話でした。上山先生のお話は非常に広いパースペクティブでありますので、いろいろな側面から問いが出されると思いますし、中村先生のお話では、感覚というのはあらためて何であるかということを、会場の方からもいろいろお知りになりたいかと思う次第でございます。全体のディスカッションというか誘い水というような形で、初めに芦津先生にコメントをいただきまして、次に木村先生にお願いしたいと思います。

芦津　お二人の先生から「感覚」ということに関して本当に興味ぶかい、内容のあるお話を聞かせていただきました。はたしてコメントになるかどうか分かりませんが、御講演にふれて考えたこと、また最近「感覚」をめぐって自分で考えていることを二、三話させていただきます。科学技術が異常な進歩を見せ、地球の人間が宇宙船とかに乗って、無重力の空間に突入するという途方もない出来事が起こって来ています。上山先生から世紀末についてのお話がありましたが、あれは十九世紀末に見られた現象ですね。いま我々に迫っている世紀末、つまり二十世紀末には、百年前とは比較にならないほどの深刻な問題が生じるのではないか。重力のない世界に生きると言うのですから「感覚」の上にも途轍もない変動があるはずです。

上山先生は歴史を背景にして、世紀末ウィーンの精神風土について詳しく話されました。

感覚界の新しい動きや感覚への問いかけは、ある特定の時代にどっと現われるようですが、百年前の世紀末も、こうした時代の一つであったと言えましょう。先生のあげられたウィーンの作家シュニッツラーも、生死の感覚、男女間の心理、メランコリーなどを実に微妙に描いた大家でありました。恩師の高安国世先生からすすめられて、ドイツ語の中級のテキストとして使ったことがありますが、まさに世紀末の一九〇〇年に書かれたシュニッツラーの作品として『盲目のジェロニモとその兄』というすぐれた短篇小説があります。

北イタリアのチロル地方にいる貧しい二人の兄弟が主人公で、盲目の弟がギターを弾いて歌を歌い、兄が客からもらった金を帽子で受け取り、このようにして生計を立てています。ある日、誰か意地の悪い人が兄に一フランしかやっていないのに、弟には小声で「いま二十フランあげたから、兄さんに騙されないように」とささやきます。目の見えない弟はこの言葉を信じて、「ただの一フランだ」という兄の言葉を信じようとせず、その二十フランの硬貨を手で触らせてくれと兄にせがむ。ここで大変な事態が生じ、弟思いの兄は、ついに盗みを働くにいたるのです。弟には兄への不信と悪意がめばえる。ふだんは視覚、聴覚、触覚などの感覚が助け合い、一致することによって社会生活が成り立っているのに、これらの諸感覚がバラバラになり、互いに他をあざむき、人間の信頼そのものが崩壊してしまうという恐ろしい情況が描かれています。

盲目のジェロニモをあざむいた青年、いわばこの混乱の仕掛け人は灰色のコートを着て登場している。灰色はそもそもヨーロッパでは悪魔の色とされているようですが、おそらくシュニッツラーは「灰色」によって、感覚の分裂と混乱にひそむ悪魔性を暗示したのでありましょう。

ついで中村先生の「感覚と生命」についてのお話ですが、むかし先生の御著書『共通感覚論』を読んだときの感動をよみがえらせていただきました。共通感覚の場合も、その時代というものが考えられましょう。アリストテレス以来のものだとも言われてますが、私は、ドイツでは十八世紀のヘルダーに始まると考えています。厳密に言えば、ヘルダーがシュトラースブルクで詩人ゲーテと出会った一七七五年です。メルロ＝ポンティも言ってますが、ヘルダーはこの年に書いた『言語起源論』のなかで、言語の生成にあずかった根源的感覚としての「共通感官」にふれています。これに呼応するかのように、若きゲーテにも共通感覚の目ざめがありました。彼はシュトラースブルクのゴシック大寺院に捧げた讃歌『ドイツ建築論』(一七七二年)のなかでこの建築物を眼前にして、触覚の発動をおぼえるのみか、音楽の調和を耳にするとすら語っているのです。

リズム論のところではリルケの文章『根源音』(Urgeräusch)のことを思い出しました。人間の頭蓋骨を手で触っているると、縫合線のところから音楽が聞こえてくるという稀有な体験が述べられていました。つまり触覚と聴覚、手と耳が結ばれているということですね。そもそも音楽とは物体の摩擦や振動を通して魂に訴えるものではないのか。最近、ある女性の方から聞いたのですが、音楽好きのご主人が、レコードがCDになってから駄目だ、音楽を聴いても実感が湧いてこないと言って、御機嫌がわるいらしいのです。自分も、まったく同感です。音が透明になりすぎ、あの腹にドンとひびくような音も、弦が擦れ合うような音も聞こえてきません。行きつけのレコード店で尋ねてみると、CDでの録音は光を用いるとのことです。やがて科学技術が音楽を殺してしまうのではないか、生きた感覚も、共通感覚もひからびてしまうのではないかと心配です。

最後に、中村先生からお聞きした解剖学者の三木成夫《しげお》先生のことですが、三木先生は実は、二十年ほど前に、京都のこの研究所でも沢山のスライドを使って講演をしてくださいました。忘れられないのは赤ん坊が母胎内にいるときの写真と、そのとき胎児が聞いているとされる音です。まだよく覚えていますが、ドン、ドン、ドン、ドンと打ち、背後でザワザワザワザワという音がします。ときどき音楽を聴いていても、この音に出くわせることがある。ブラームス、チャイコフスキー、ベートーベンなどですが、とりわけブラームスの交響曲第一番の開始部に聞こえるのは、まさにこの音ですね。音楽の根源はあの胎児の耳にした音ではないか、また創造とはまずリズムではないかなどと考えたくなります。

若きゲーテの抒情詩『湖上にて』の一光景も思い出しました。「私は臍の緒で世界から養分を吸う」とあり、「私を胸にいだく周囲の自然の輝かしさよ」とあります。これはゲーテがチューリヒ湖上で歌った詩です。彼は小舟にのって波に揺さぶられながら、かつて母胎内で「臍の緒」ごしに耳にしていた音を想起したのでしょう。触覚と聴覚と視覚との共通感覚だとも言えましょう。以上、自分なりに感じ、考えたことを述べさせていただきました。

木村　今日の両先生のお話は、それぞれ大論文、あるいはひょっとすると一冊の著書になってもいいぐらい内容の濃いもので、とてもじゃないけれど全部をふまえたコメントなどできっこありません。最初の上山先生のお話、これは正直申し上げて私が最も苦手としている十九世紀末というのか、特に新カント学派やマッハというのは、勉強しなきゃという気持ちだけ永年持っていながら全然していないので、とても今日のお話に沿ったことを申し上げることはできない。だから唯一救いになったのは精神医学、フロイトのことが出てきましたね。これは私としても知らないとは言えないところです。その時に感じたことがひとつございます。

メスメルの動物磁気説、それから催眠術。これらがフロイトの源流であるということはよく知られていることですが、このマグネティズムの中で〈rapport〉ラポールという概念ができたわけです。これは現代われわれも、精神科の医者の間では日常語として使っている言葉ですが、どういう意味で普段われわれが使っているかというと、言葉を使わないで患者と治療者の間で気持ちが通じ合うような現象を、ラポールと呼んでいます。ラポールという言葉は、どうも初めは電気現象が発見された時に、当時の上流社会の中で、電気の実験がひとつの趣味として流行った時代があったそうで、みんなが手をつないでその一人に静電気を流してやると、人体は電気を通しますから、手をつないでいる人に電気が伝わる。これをラポールと呼んだのだそうです。これをメスメルが磁気で取り入れた。メスメル先生の磁気、治療を受けに来た個人の磁気、そうした磁気が宇宙の磁気と感応しあって動物磁気の治療というものが成立するわけですから、こうした感応というか、磁気がやりとりされる、人から人へ移るということをラポールと呼んだわけです。

催眠術も、動物磁気と現象としては同じものだと私は思うのですが、ラポールという言葉はその後催眠術にも受け継がれて、現代までそのラポールという言葉でもって、人と人との言語以前のつながりのようなことが言われてきました。その場合に、動物磁気も催眠術も一時非常に流行ったのだけれど、そのうち評判が悪くなって、すたれてしまいます。フロイトの精神分析がそれに取って代わったのですが、すたれたこととの一つのきっかけに、磁気術や催眠術というものはどうも治療者と患者の間に性的な、いかがわしいことが起こるのではないかということが言われたことがあります。実際そういうスキャンダルもあったらしいのですが、そういう悪い風評が立った。それに対してフロイトは禁欲的で、催眠術をやめて、彼は自由連想という独自の方法を開発するわけです。その時、絶対に医者は中立というかニュートラルでなければならないと言っているのですが、それでも治療者と被治療者との間にラポールが起きることはどうしても防ぎようがない。

フロイトはラポールのことを過去の重要な他者との関係が現在の治療者との関係に〈転移〉したものと解釈して、この〈転移〉を非常に重要な研究課題としたわけです。転移を解決することが神経症の治療に直結するのだと考えた。関係の転移ということは実際に起こるのでしょうけれども、その基礎には二人の間のラポールがなくてはならないのです。こういうようなことで、さっき上山先生がフロイトのところで〈sinnlich〉と〈sexuell〉、セクシュアルなものと同一視している、というお話をなさいましたが、そもそもラポールというのはひとつの感覚ですから、しかも個人の感覚というより共通感覚に直接つながってくる、二人で共有する感覚がラポールですから、そもそも性的なもの、というかむしろ普通の意味での性的現象もラポールがなければ起こらないはずだというようなことを考えながら聞いておりました。

それから中村先生のご講演の中で私の名前を出していただきましたけれど、偶然、共通感覚に対する関心を共有していたのですね。私自身がなぜ共通感覚に関心をもったかというと、いくつか理由がありますが、そのひとつが今のラポールの問題です。二人、あるいは動物磁気などでは集団療法もやりましたから、たくさんの人がひとつの感覚というか、ひとつの状態を共有するということがあるわけです。それには何らかの形で、常識、コモンセンスというものの前段階になるような意味での共通感覚、全体に共通する感覚というものがあるはずだということがひとつあります。それからもうひとつは、たとえば聴覚の中枢と視覚の中枢が脳の中の別々の場所にあるということは確認済みのことですが、私が若い頃、ひとつの研究テーマとして、耳で音楽を聞いたら色が見えてくる、聴覚が視覚に変換されるというような、日本語で〈共感覚〉と言われている現象を勉強していた時に、視覚中枢と聴覚中枢との間に連絡ができるなんていうことは全く信じられなかったわけです。そこにはあらかじめ視覚と聴覚に共通する何かの感覚があるはずだと。

そこで本を読みあさっていたら、これも極めて偶然なのですが、さっき中村先生がお話になった西谷啓治先生の『アリストテレス論攷』という本を見つけたのです。そうしたら共通感覚という言葉が出てきて、読んでみたら、これはちょっとおおごとだなと、その時、本当に若い時ですが思ったわけです。それから共通感覚というものを考えはじめました。だから、ラポールの問題と今の共感覚の問題が入口になっているわけですが、分裂病のことを考え、自己という問題を考えた場合に、これは中村先生も私の本から引いたとおっしゃって下さった、この離人神経症のことが出てきます。離人神経症ではとにかく自己というものが消えるわけです。自己がわからなくなる。私は離人神軽症とは共通感覚が失われる病理だというように私なりに理解しているのですが、そこで消えるものが自己である。自己というのは共通感覚に支えられてこそ成立しているのだということを、その時にこの離人神経症の勉強をしている時に感じました。

最近、私の書くものには生命論に関するものが、特にヴァイツゼッカーでもって生命を考えるものが多くなっています。さっき中村先生が、生命と感覚をつなげるのは哲学的には少し難しいということで、最後の方でリズムというお話をしておられました。少し話は飛ぶかもしれませんが、考えてみるとリズムというのは自分一人でリズムを刻むということは不可能ではないかもしれませんが、しかしだいたい私たちがリズムという言葉を使う場合には、みんなで一緒に同じリズムを刻むという感じがありますよね。私はリズムというのは、周囲と共振するものではないかと思うのです。リズムを生命の特徴と考えた人は私の師匠にもあたるテレンバッハという人で、生命の根本的な特徴をリズムということで言っているわけですが、リズムである以上それは共有されるものであり、共有されるというところで共通感覚にもつながります。

自己というところからかなり飛んでしまいましたが、自己ということを言う時に、どうしてもわれわれは西洋の思想をどこかで真似しているのかもしれませんが、個別的な自己、個人の自己というものですぐ考えてしまいます。しかし自己というものは、やはり他人との間でしか成立しないのではないだろうか。それは三人であってもいいし、たくさんであってもいいわけですが、他人との間で何らかの場所、これこそ中村先生の言われる場所ですが、場所を共有する時に、その場所にエアアイクニスとして、性起してくるものこそ自己というものではないのか、というようなことをずっと考えておりました。それで今のリズムの問題であるとか自己の問題は、全部共通感覚ということでつながっているような感じがします。

だから私は、哲学の立場でいうと、生命と感覚を結ぶのは難しいのかもしれませんが、精神科の医者として、実際現場でものを見て考えていると、感覚、特に共通感覚と言われるものは、これはわれわれが自分が生きているという生命そのものを感じ取る感覚能力にほかならないわけで、あまりにも近いからかえって遠いということがあるのかもしれません。それをある程度理論的・論理的に表現しようとすると難しいということになるのかもしれないなと思いながら伺っておりました。

大橋　ありがとうございました。質問が特に出なかったので、司会者の私がまず質問をさせていただき、後でお二人の先生にお答えいただきたいと思います。

まず上山先生にご質問をさせていただきたいのですが、先生のお話から非常にフレッシュな印象を得ましたが、全体の構成についてちょっとお伺いいたします。感覚論が諸科学分野の知的組み替え、あるいは地殻変動を起こしたというのが全体の趣旨ですね。しかし、はたしてそうなのか、むしろ逆に、科学のパラダイム変化・地殻変動の中で、感覚主義が浮上したのか、どちらなのでしょうか。と申しますのは、感覚主義だけから言いますと、たとえば世紀末のウィーンからさらに遡ると、フランスにまずありますね。たとえばコンディヤックなどがいます。コンディヤックの感覚主義とマッハの感覚主義とは根本的に似ていると思うのです。要素一元論と申しますか、感覚-要素一元論と申しますか、いろんな認識を全部感覚に還元して感覚から説明するという意味では、コンディヤックもマッハとほとんど同じような考えだと思うのです。

ところがコンディヤックの感覚論は、フランスのいわゆるスピリチュアリズムにつながっていくという意味で、一つの起爆点ではあったのですが、学問分野のパラダイムの転換というところにはつながりませんでした。そういたしますと、ふたつの方向でその事情を考えることが出来ます。ひとつは、マッハの感覚論がフランスの感覚論とは違った何かを持っていて、それが科学のパラダイム変化を引き起こしたと見るもうひとつの見方は、自然科学の勃興の中で経験が重視されるわけですから、反プロイセン的で反思弁的なウィーンで、この実証主義的な精神が芽生えて、その動きの中で感覚論も浮上したと見ることです。

中村先生に質問させていただきますが、先生は最後のところで汎リズム論ということをおっしゃっていました。私はこの「汎」という言葉についてもう少し知りたいと思います。共通感覚という時の共通というのは、五感に共通するという意味もありますし、それから木村先生がちょっと指摘されました周囲、私と他人との間の共通、それから常識あるいはコモンセンスと呼ばれるような、一般社会に共有される感覚という意味もあるかと思います。中村先生が汎リズム論とおっしゃった時には、初め広い意味でのリズム論かな、と思ったのですが、いや待てよ、これにはハイデッガーなど入ってくる、そして場所論も入ってくる。そうすると「汎」というのは自分と他も含むような、場所的な意味の「汎」なのかな、と思ったりもしました。そのあたりがお話の中ではまだ語られなかったように思います。そこで「汎」の意味についてお伺いしたいと思います。

この質問のバックグラウンドといいますのは、リズム論というところへ持っていく時の、リズム論の射程への問いです。リズム論というと、外延的な広がりを感じるのですが、西田哲学の場所論であれば外延的な広がりはもちろんありますが、それはむしろ西田の言うところの〈有の場所〉的な側面であり、いわゆる〈無の場所〉という時は、いわば自己の内面の方を指していくわけです。リズム論の射程、あるいは汎リズム論の「汎」というのは、こういう内面の射程も含むものなのか、ご質問させていただきたいと思います。

では、ご講演の順番通りに、コメントへの感想ですとか、私の飛び入りの質問（笑い）とかにお答え下されば
と思います。

上山　私も何しろまとめる段階であまり頭が整理されていなかったせいもありまして、まとめるようになれば
なるほど、この問題はとても手に負えないという感じがしていたところでこのレジメを作りました。ですが今の
ようなご質問が出るような問題は、端的に知的変動の規模のあり方なのですが、ここでウィーンというものを挙
げて、ウィーンというのが原動力となってそこで震源地になって波及したのだという説明になっているわけです。
実は学史ないし思想史のレベルでは、マッハ主義は、文学・芸術、経済学・法学の諸分野で大きな影響力を与
えているのですが、非専門的な大衆の思考を変えた、そのために各メディアが動員されたという点では、イエナ
とライプツィヒから発した心身一元論の衝撃度が大きかったと考えたのです。このウィーンよりはイエナ、それ
からライプツィヒで、こういうウィーンのようなイギリス経験論に親近性をもった連中なんかが出してきている
ものには、さほど大きなものはないと。むしろイエナあたりから出してきているメッセージというのは非常に大
きい。それからライプツィヒというのが、これはとてもじゃない、私はドイツの思想史のところでやり直さなけ
ればならないのではないかと思うほど大きな基盤を作っている。どうもこれが、ドイツのカイザー・ウィルヘル
ム協会設立の動きにつながるというか、今のマックス・プランク研究所のああいう組織機構を作りあげる前駆的
な働きをする。

すると全体を変えていくような動きがあるものですから、必ずしもウィーンということだけではなしに、ウィ
ーンから始まっているのは、感覚がイギリス的である、そして経験主義だと。ドイツにおいてはそんなものは関
係ない。もっとドイツ的合理主義があると。そういうところの方をむしろイエナとかライプツィヒの方は捉えて
いるものだから、いわば書いたものが売れるというか、発行部数がものすごいものがある。だから学会への影響
力というよりも、読み手の側から引きつけていく。それから研究者の中に民間資金が入ってくる。そういう形で

民間の研究所が非常に大規模なものを作り出してくる。いわば産学共同のはしりですが、こういうものをする時に、ダーウィニズムのインパクトがウィーンよりももっとラジカルに来る。むしろ教会闘争という形で、サルか人間かというような非常に大規模なものを作り出してくるのがイエナとかライプツィヒの人たちである。というところから、今までは学会レベルの感覚論としては、マッハの影響力、これはマッハというのは近代経済学なり純粋法学なり、社会科学にも文学にも、それからウィーンクライスで、科学史としてはわれわれに非常になじみの深いもので、アインシュタインにも通じるようなものを持っているのだけれど、それは科学史のひとつの分野であって、もう少しレベルを下げて、これの方が感覚論として捉えるべきではないかと思うのですが、こうしたイエナやライプツィヒあたりの線から出てくるプッシュが非常に大きいということを言ったわけです。

それをどのように評価するかですね感覚論は。それからなぜある段階で、ドイツの場合は一過性のように消えてしまったのか。これは多少はナチ体制とか、そういうものにどういう風に関わりを持つのか、そういう出版社、ディートリヒスのタートクライス、こういうものをどういう風に評価するかということに関わっているものですから、僕はドイツ人としてはなかなか手をつけにくい問題であろうと思うわけです。大きな射程とか影響力の大きさとか、そういうものを学史レベルというのをもっと広げた枠の中では、そういう意味で一種の地殻変動ということにしたわけです。

その点で今挙げられたフランスのコンディヤックなんかにしても、こういうカトリックのフランスの中で出てくる特殊な感覚一元論なんかのものは、コンディヤック自体は精神と物質というか、ヨーロッパのキリスト教の二元主義というものを一方では踏まえているという点で、一元主義とはいいながら、出方が非常にソフトだと。しかしヘッケルなんかでもコンディヤックをやはり自分の味方に入れている。一元論というモニスムスの中に、フランスにはコンディヤックがいるんだという形で引いているのだけれど、こういう連中がやるとものすごくラジカルな、こんなに奇想天外なことがだいたい言えるかと。学者としてはもう相手にしないと。ところが人々の読み物としてはものすごく面白いものだから、すごく大きな力になりうる。皇帝カイザー・ヴィルヘルム自身も非常に興味を見出す。ですから当時の国立博物館のようなものができて、そういうものに皇帝自身が、考古学に興味を持つ。そういう知の考古学的なそういう発想とが、これにレールを引いているわけで、そうなると考古学ブームの中にこういう思想は生まれているし、それから民俗学の、タイラーの残存説だとか、そういうものがみんなその中に集約したような形でヘッケルの系統発生に入っているわけです。そうすると、精神と物質というような二元論で見ること自体がおかしいということになる。

そういう二元主義に対して、とにかく一元主義でやっていこうというように筋書きが非常にはっきりしているということが、やはり発言のラジカルさであろうと思います。それがドイツではフランスよりもっと、ある意味でカント的禁欲主義になる。カントの〈Sinnlichkeit〉というようなものを追っていても、ある意味で新カント派はその最後の線のところで経験科学を入れて、それを守ろうとするけれども、ある一方のところでは、そんなことなんかはやはりカント自体がもともと『純粋理性批判』で言っていることと、『判断力批判』で言っていることなんかは逆で、前著で自然科学者として理解できるが、後著では人格的な神とか自由意思とか、不死の霊魂なんてものをカントはご本尊にしてしまった。だから完全に矛盾している。カントは思惟のデパートみたいなものだから、カントから何を引いたっていいんだと。

しかしわれわれはそういうものを切っていって、初めてそれがはっきりするのだということを、イエナとかライプツィヒの人々が結局、ヴントもそれに惹かれて民俗民族心理学の方に行くわけです。ヴントにしても、このランプレヒトにしても、オストヴァルドにしても、民族地理学のラッツェルにしても、そういう人々が一致結束してひとつのモニスムスの連合を作って、大々的にモニスムス運動、一元論運動をやっていくと。するとウィーンに生まれたようなマッハというものは、なるほどダーウィニズムを入れる、それから進化論を入れる。進化論的なそういうものを入れる。似通った一元論だけれども、そういうものにはそれほどの強さはない。ただ、協力はしましょうという程度のモニスムス。マッハはそれに尽きるけれども、強力な対教会闘争とか、そういうところになってくると、やはりイエナ、それからライプツィヒ、こういうところは反教会の拠点になるような恐ろしさを持っているものですから、それに皇帝も乗っかるという形のようなものを背景に持つものですから、ある意味で衝動は大きかったのではないかというような気がします。

それと木村先生のいわれたラポールについては、私も説明しようと思ったのです。ラポールというのはいかがわしさがあります。フロイトがそれを極力用心深く、もしもこれがわかれば、今までさんざん作り上げた精神分析がパアになってしまうと。このエロスの点については、すごく神経を使って、弟子たちにも厳しく言っていた。幼児性欲説という時の性欲は、あくまでもエロスではない。エロスという風なものではなく、マッハが一種の感覚、Empfingung を Sinnlichkeit の方まで調整して、非常に機械論的なものにしたのと同じようにして、フロイトも sinnlich を、なるほど sexuelle なのだけれど sensualle なもの、われわれが情欲的・肉感的というものとは違うもの、リビドーにしてしまう。そういう中性化を彼ははかっているわけです。

催眠術のようないかがわしさが出ることがないように、フロイトは必ず位置を決めて、寝台に寝てもらうとかそういうものを非常に厳しくして、そこのところを用心している。ラポールそのものがいかがわしくて、エロスというようなものには非常に厳しくしたと思うのです。ただフロイトの場合には、キリスト教徒ではなくユダヤ教徒である。ユダヤ教徒の場合、タルムードの教えでも分かっているように、非常にユダヤ教徒の性へのおおらかさがある。そういうものが、その程度ならどう言ってもいいのではないかという風なことです。ですから自分の子供に対してもマスターベーションしてもいいのかというような規範の妥当性をといなおしていくようなことをフロイトはするわけですから、性に関しては厳格に学者としてのやはり中性化をはかるような、脱エロス的なものをはかりながら、結局やはり何と言っても人間は性から来ているのではないかという居直りのようなものがあるのではないかと思います。

大橋　ありがとうございました。では、中村先生お願いします。

中村　私の方は、素材は上山先生ほどいろいろ細かいことがなかったものですから簡単にお答えできると思うのですが、ひとつは芦津先生がおっしゃったリルケのお話についてです。私は、さきほど木村先生がおっしゃいましたが、シネステジーという〈共感覚〉にも関心を持っております。しかし、問題群としては、共感覚は本来の意味での共通感覚のひとつの分野であると言ってもいいと思います。少なくとも共通感覚の問題、センスス・コムーニスというアリストテレス的な意味のものを言っている時には、共感覚も視野に入れるつもりでやっております。

それからラポールのことなのですが、これは街のなかの看板の話なのです。私は東京で、高田馬場から出る私鉄の沿線に住んでいるのですが、高田馬場の前を通りましたら、喫茶店にラポールというのがありましてね（笑い）、さっきみたいな分析をするといろんなことが言えると思うのです。ただ、どうなんでしょうか、精神医学でおっしゃっているラポールというのは、もちろんフランス語から来ていて、フランス語のラポールという普通の言葉の中には、そこまで行かないで、よき関係とか親和的関係とか、そういうところだと思うんです。そう考えればいいのですが、しかしやっぱり喫茶店の名前にラポールと書いてあるのを見ると「おやっ」と思いましてね。しかも日本語ですからラポールと書いてある。これは何なのかと考えたりしたんです。

それとも関係があるのですが、大橋先生が言われた汎リズムの「汎」とは何かというと、ひとつにはハイデッガーの擧体・性起という問題もあるし、空海の「五大にみな響きあり」というのもそうで、さっきのような問いかけを受けた場合には、リズムというものの特徴は、木村先生がおっしゃったように他人を超えている。ある意味ではむしろ自と他を超えてしまうのではそこに根源的な性格があるのだけれど、私なんかはリズムというものをとりあえず、個体との関係でとらえたいと思っている。今のところ、基本的な問題の立て方としては、そうせざるをえないと思うのです。そこにはいろいろ考えると微妙で複雑な問題があることはわかるのですが、方法的にそうしたいのです。

それから、もうひとつご参考に申しますと、さっき三木成夫さんの子供の聴く母親の胎内音の話が出ましたが、それと関連して面白いことがあります。

私は三木さんから借りてその胎内音の録音テープを聴いたら、その前に私が聴いた「天体の音楽」に実によく似ていたのです。「天体の音楽」などというと、メタファーだと思われがちですが、そして私も永い間そう思っていたのですが、そうではないのです。現在電子望遠鏡で惑星などの天体をとらえ、それに或る変換を加え、可聴音化して出来た音楽があるのです。J・E・ベーレントが『ナーダ・ブラフマ』(『世界は音』訳書は人文書院刊)という本のなかで扱っています。本そのものにはテープは付いていないのですが、別売のテープにはその「天体の音楽」が何種類も収められています。私はそれを手に入れて一時いろいろな方にお聞かせしたのです。ほんとによく似ているか、といえば、似ているのです。多くの方は似ていることを認めてくださいました。なかにはそれほど似ていない、とおっしゃる方もいました。しかし、私の考えでは、こういうときには、似ていることに注目した方がいいと思うのです。小さい違いを言っても仕方がないので、似ていると考えた上でそれがどれだけ根拠づけられるか、そこからどういう問題が出てくるかが重要だと思うのです(詳しいことは拙著『かたちのオディッセイ』一九九一年の第二章参照)。「天体の音楽」については、ケプラーもゲーテも言っており、子供が聴く母親の胎内音は、それらに対して新しい補助線になりうると思うのです。

さて、それとの関係で、先ほど大橋先生が尋ねられたことへの答をいえば、「汎」というのは「いたるところに」ということと、「在来のいろいろな限界を超える」ということの二つを含意している、と思うのです。

大橋　ありがとうございました。会場の方々もいろいろご発言がおありかと思いますが、手を挙げて下さってご発言いただく時に名前を言っていただきたいと思います。

石井　石井と申します。私は音楽に興味があって、特に今日はウィーンのお話がありましたが、ウィーンの音楽というとウィーン古典派おそらくヨーロッパの文化が生んだ最も精神性の高いもののひとつだろうと思われるのです。今日の上山先生のお話のところ十九世紀後半二十世紀初めの頃には、音楽でも絵画でも、ウィーンの新しい運動があって、それは新ウィーン学派や、絵画ならクリムトやエゴン・シーレ、それと今日のお話に出てきたフロイトのような学問の領域との間に、ある対応があるのではないかと思うのですが、そういうウィーンの音楽や文化の交流は、十八世紀後半と、十九世紀後半から二十世紀初めの二回あって、それは共通していると同時に非常に違っていて、十八世紀のウィーン古典派の時は、音楽の中に超越的なものが現前しているというか、まさしくカトリックそのものが芸術作品に現われたような気がします。それはファン・デル・レーウという宗教現象学者が指摘していることなのですが、それに対してエゴン・シーレやクリムトが、さきほど sexualle と sinnlich という言葉がありましたが、それらが結びついたような形のウィーンの感覚的な芸術作品になっている。それはシェーンベルグの十二音の音楽の中にも現われているように思います。そういうウィーン独特の、北ドイツとは違ったカトリシズムがオーストリアにはあって、それが十九世紀から二十世紀になると、超越の面がストンと落ちてしまって、感覚というものが超越への方向を失ったところで成り立つのが、何か十九世紀から二十世紀にかけての新しい感覚の発見になっていて、それをどう受け止めたらいいのか、西田のような場合だったらそれが感覚ということをいったり、別の超越を求めているような感じがしますが、そのあたりをどうお考えでしょうか。

大橋　もうひとつふたつ質問がありましたら…。

那須　那須と申します。中村先生のレジメの6の中で、量子論の中から知見というのが先ほどの説明では途切れたように思うんですけれど、この量子論というのは常識的な範囲では、ひとつの原子的な側面と、いわゆる波動的な側面とがあると思うんですけれど、中村先生のおっしゃりたいのは、この波動的な側面に関してのことなのでしょうか。そのあたりを少し御説明いただけたらありがたいと思います。

上野　上野といいます。学生時代にチョムスキーの生成文法などがカリキュラムにありまして、そういう関係のことをやっていたのですが、それとからめて、言語論とからめたお話を伺いたいと思います。みすず書房かどこかで出ていた、ある分裂病少女の日記か追想録のような本で読んだことなのですが、少女が分裂病にかかった時に、鮮明に記憶してそれを回想している本なのですが、まず現実感というものが失われて、ものに対してリアルな感覚が全くなくなって、平板にしか感じられなくなったと。そして、非現実というものに襲われて、分裂病にかかるという過程で何か意識的にそういう感覚を規律しているのですが、面白いエピソードとして、母親との会話で、母親から自分の名前を呼ばれた時には認識できなかったものが、「あなた」や「私」という一人称二人称の対話なら理解できるという。三人称になると全くわからなくなるという形のことがありました。そこでは人称の問題と固有名という問題がからんでくると思うのですが、そこでウィトゲンシュタインの言語ゲームを思い出したのですが、言語ゲームが成立するような〈場〉は一人称二人称の関係の中ではあるけれども、分裂病にかかって三人称や固有名が出てきた時には認識できなくなるという、人称をからめた〈場〉というものの中からどんどん離れていくということが、狂気にいたるものなのだろうかと自分は感じたのですが。そういう人称と固有名をからめて、分裂病者の言語の感覚と、あとわれわれ一般の人間が持つような共通感覚とをからめたようなお話をお聞かせ願えたらと思います。

中村　二つ私にいただいた質問がありましたね。ひとつは今の人称の問題、もうひとつは量子場ですね。あとの方からお答えします。量子場と書いたのはなぜかというと、これは私が西田さんの場所の論理を、私が考える限りそのままでは展開しにくいのでとらえなおしたのです。西田さんは自然科学のことをお書きになっています。それなりに西田哲学の論理で自然科学的事象をある程度説明されているのですが、私にとってはリアリティがないんです。それなら私も量子物理学、原子物理学をかじったことがあるので、そっちの本は今でも読んでいるのですが、そちらの方での場の方がはるかにリアリティがあったのです。それで、そこから引いたのが量子場です。

実在とは何かというと、結局〈場〉における振動だというのが量子論の立場の答えではないかと思います。量子場、つまり〈場〉というものを考えていった場合に、それにはいろいろなレベルがあるのですが、一見抽象的に見えるような量子論なんかでも、振動する〈場〉というのがリアリティであるというふうに解釈していいようです。そのことは自分の著作の中に詳しく書いているのですが、今回は話題としてちょっと出したのです、説明しなかったので今のご質問を下さったということですね。

もうひとつの分裂病患者に関するご質問は、後で木村先生に助けていただきたいと思うのですが、今のご質問で私の方が答えられる範囲の問題といえば、さっきちょっと読みました「扉の言葉」つまり「音楽を聞いてもいろいろの音が耳の中にはいり込んでくるだけで、何の内容も意味もないんです」と。これは離人神経症患者のものですが、ある意味ではこれは人称の喪失の問題と非常によく似ていると思うのです。それはやはり現実感というものがなくなってしまう、現実感とは何かと申しますと、結局は〈場〉の問題ではないか。それは先ほど木村先生がおっしゃったことですね。もしそうだとすれば、やはり三人称というのか、客観的な名前というのは〈場〉を作らないのではないかということです。やはり二人称で呼び掛けるというのは、非常に重要な言語行為のファクターだと思うのです。呼び掛けるということは、やはり自他を共有する〈場〉を作るし、逆に答えなければならない。答えというのはロジカルに答えるのではなくて、生命的に答えなければならないという問題がある。その点では多分今ご質問いただいた方もそうお考えではないかと思うんですけれど、やはり呼び掛けというのは単なる名前を呼ぶのとは違う、そこに〈場〉ができるという働きを持っているのではないかという風に私は思うのです。木村先生、いかがでしょうか。

木村　今の話は、その分裂病少女の手記というのは、私も読みました。もうずいぶん前のことなので忘れてしまいましたが。あれは外国人のケースですね。日本人と外国人とでは、特に人称性という問題の時に大変違うんです。たとえば「私」とか「あなた」という言葉が、はたして一人称二人称なのだろうか。これはかなり真剣に考えなければならないものなのです。日本語というのは人称代名詞のない言語でしょう。落っことしてしまう。「僕」とか「私」とかなんていうものも無理やり人称代名詞と言えば言えなくもないのですが、いわゆる自称詞／他称詞ですね。三人称は今、中村さんがおっしゃったようにどこか突き放した、というか客観的に、場を作らないようなものだという。これは間違いないと思います。

中村　人称よりもむしろ呼び方の方が大切なのではないでしょうか。

木村　同じ「私」という一人称代名詞の場合でも、こういうことになると思うんですよ。つまり「私」というのは一個の「私」なのだけれど、あなたも一個の「私」である。ここにいる人みんな自分から見れば「私」でしょう。誰もが自分を「私」と名付ける権利を全員が持っている。だから文法というものがあって、その文法に即して、私も自分のことを「私」と言っているわけです。ところが、本当の一人称性というか、僕の僕性、私の私性というのは、他の人たちと共有できないというか、そこに絶対に特殊なものがあるでしょう。ところが二人称関係、もしくは一人称複数関係の場合はそれを共有してしまうわけです。何か特殊な世界を。他の人たちを入れない、第三者に介入させないようなプライベートな世界を共有してしまうでしょう。母と子とか恋人どうしとかではそうなります。分裂病の人というのは、そういうごく閉じられた、他人と私的な世界を共有できた時には落ち着いた気分でいられる。ところが、そこで自分が個人名で呼ばれたり、「あの人」というような三人称的に呼ばれたりして、言ってみれば開かれた場所、開かれた世界には安住しにくい、ということがありますね。

松山　松山です。私は自然科学と自然哲学がどう違うかというようなことから考えているのですけれども、最初に感想を申し上げますと、中村先生のレジメの二枚目に、今日、何度も話題にのぼりました離人神軽症の人の話が出てまいりますけれども、近代科学というのは、ひょっとしたら離人神経症ではないかと思うのですが。と申しますのは、要素還元主義というのはひとつの科学の特徴づけだろうと思いますけれども、離人神経症がどういう風に出てくるかは、木村先生がご説明下さったように、コムニスというものがなくなった時に出てくると。

コムニスを排除していって、それぞれ個別の要素要素を点検していく、そして後で集めるというのが科学だろうと。そういう科学は多分、離人神経症なのだろうと思うのですが。

一応これを前置きとさせていただいて、中村先生に二つ質問させていただきたいと思います。レジメの三つめの最後に『ティマイオス』の中の〈振動する箕〉というメタファーを挙げておられて、その折に、これが宇宙の根源ではなかろうか、という風にコメント下さったように記憶しています。この点に関しまして二つ質問させていただきたいと思います。ひとつは、五つ目に「海水からの誕生」ということで生命の誕生のお話をなさったわけですが、その海水から誕生する場合に、最近ちらっとテレビを見て思ったのは、海水のさまざまな問題は波、つまり波動と関係があると。生命が誕生したのも、誕生した後の生命に栄養を与えるのも波動だとして、この〈振動する箕〉を宇宙の根源と理解しますと、このへんで何かつながりが出てこないだろうという感想を持ちましたので、もしつながりがつけられそうなら、ぜひお話を伺えればと思います。

もうひとつは、レジメの三つ目に戻りまして、最初はずっと〈場〉の論理、トポスの議論をなさって、これはアリストテレスですが、ここから『ティマイオス』などにも特徴的に出てくる〈コーラー〉というものが出てきますが、その中身を少々敷衍しますと、これはある対立するもの、特に『ティマイオス』の中では限りないもの、無限というもの（つまりアペイロン）と、それと反対の限定というもの（つまりペラス）、この相対立する二つがひとつになって共通したもの（コイノン）を作り出すというのですが、その時に二つの要因が考えられるわけですが、ひとつは相対する二つを結び付ける第三者として、絆ギリシア語でデスモスという言い方をしますが、こういうものを考えたり、今問題なのはむしろもうひとつの方なのですが、これはあるものがひとつの共通のものを作り上げる時には、ある受容者、受け入れる器のようなもの、これはギリシア語でヒュポドケーといいますが、これが必要だという風に言うんですね。これをメタファーとしてプラトンは〈母〉とも呼んでいるわけですが、まさに生命を生み出す、何かを生み出す母体ではないかと理解してよいのではないかと思うのです。そういう場合にこの〈コーラー〉というものと〈リズム〉というものが、どうつながってくるのか、先生のレジメではコーラーの問題から〈振動する箕〉という、ここに何かつながりが出てくるだろうかというのが、私の質問です。

中村 まず初めのご質問の方からお答えします。私の気持ちとしては、実は海水からの誕生というのを、ただ海水だけではなくて、やはり海の波とか水のせせらぎといったものなので、そういう点では振動の方が深くかかわると思います。

もうひとつは『ティマイオス』をどう読むかということで、これはたいへん根本的な問題なので簡単にお答えするのは難しい。とりあえず次のようにお答えしておきます。『ティマイオス』というのは、プラトンの専門家の方の本もいろいろ読んだのですが、どうもよくわからなかった。ひとつのとらえ方は今おっしゃったように、何か受容するものだということになっている。受容するオーダーはプラトンのイデア論の基本とつながっていると思うのですが、私が大変刺激を受けたのは、プラトンのとらえた宇宙の根源という意味は、つまりハイデッガーの〈エアアイクニス〉とよく似たことを言っているのではないかということです。〈振動する箕〉の箕そのものは、穀物を振い分ける働きをするものだけれど、そこに差異化が出てくる。物を区別するということがあって、私が特に注目したのは、プラトンの振動という要素がアリストテレスのトポスとかヒュポケイメノンには全然出てこないことです。多分これは、ピタゴラスからの系列の考え方が強いのではないかと思うのです。少なくともテキストでいう〈振動する箕〉というところから、次のような狙いがつけられる。リアリティの根源というのは、振動である、それが〈振動する箕〉であるということは、そこから振動することを通して、区別できないものが区別されてくる。そういうことを考えれば、いろんな角度からアプローチしてつかまえようと思っているリアリティの原形がつかまえられるのではないか。

松山 先ほどのご質問の中に量子場の話がありましたけれど、磁場にしても何にしても、〈場〉と〈振動〉というのは、どちらが先かという問題ではないのです。すると〈場〉の問題と〈振動〉の問題が重なってきますけれども、その場合に、先生の今のご説明の中には〈場〉というのはどういう形で…。

中村　〈場〉というのは説明しようとすると本当に難しいのです。つまりこれは言語の問題です。〈場〉を言語で説明して、〈場〉がリアリティを成り立たせるのか、非常にやりづらいのですが、基本的に言えば、私は〈振動〉する場とか量子場という観点を少なくとも同時にしないと、にっちもさっちもいかないようなリアリティがあると思います。私はそれで答えを出してしまったつもりではなくて、そこをもう少し納得できるように自分でつかまえていかねばならない、つまり自分に対する問題提起なのです。後のことはあなたの方が私よりむしろ専門家ですから、教えて下さい。

水谷　水谷と申します。先生方のお仕事の一端を垣間見ることができて、感謝しています。私は十八世紀末のドイツに来たシェラエルマッハという宗教思想家について勉強していまして、その中にこういう表現があります。「無限なもの、無限者に対する Sinn、そして geschmack が宗教である…。」そこでは感じる、あるいは味わうというような言葉が出てきます。そういうところからいたしまして、それは無限なものに対するということになりますと、それはおそらく個別的な、たとえばユーモアに対するセンスを超えたものだろうということと、もうひとつは枠組みが宗教というものになっていくのではないかと思うのですが。中村先生に、共通感覚と無限なるものについてコメントをいただきたいと思います。それは木村先生にもお聞きしたいのですが、現代における宗教というのは、ネガティブにもポジティブにも、いずれにしても消え去らないものだと思うのです。ちょっと話が展開しますが、宗教集団におけるような共通感覚のようなものは、精神病理学的にはどのように捉えればよいのでしょうか。

あと上山先生には、ドイツ観念論の時代にベルリンで Sinn という言葉を使った哲学者と神学者と、そして百年経ったウィーンにおける Sinnlichkeit というのは、反プロイセン／反プロテスタンティズムの中で出てきたとお伺いしましたが、シェラエルマッハというのはプロテスタントの神学者ですので、そのあたりのつながりをお教え願えれば幸いです。

岡嵜　岡嵜と申します。ちょうど今の質問と共通する部分があるのですが、素朴な質問なのですが、感性というものを考えた場合に僕が気になることは、霊性ということなんです。僕の考えの中では、霊性とか宗教性というのは共通感覚とすごく近いものがあるのではないかと思っています。霊性とか宗教性というのは、哲学の枠外の問題で、もっぱら宗教が取り扱ってきた問題かもしれないのですが、宗教がこれまで扱ってきたひとつの生命へのアプローチのようなものを否定することにおいて、感性の哲学や感性還元主義のような方向に移ったところがあるのではないかと思ったんです。感性と霊性の問題で、感性が関わってくる芸術作品などは、たとえばルオーの絵画芸術やバッハの音楽芸術などは、芸術的・感性的に深いものですが、どうしても霊性という言葉でしか表わせないような、宗教性という言葉を持ち出さざるをえないような領域があると思います。その中の感性が深められたところが霊性に行くのか、感性が深められれば必ず霊性に行くとは限らないのか、あと生命へのアプローチなのですが、感性の哲学・感覚の哲学ということと、宗教としてのアプローチという問題で、森有正さんのお書きになっている中に、自分にとって「信じる」ということは「感じる」ということに限りなく近いという言葉があって、すごく気になっていたのですが、そのあたりについて直接ご関係のある中村先生にお伺いしたいと思います。

大橋　おふた方の質問とも共通するのは言葉に関する問題だったと思うのですが、マッハの感覚論の場合における〈感覚〉は Empfindung といいます。これは私自身も上山先生にお伺いしたかったことです。Empfindung と言う時と Sinn と言う時の違いなどはどうなるかということを含めて、最初に上山先生にお願いします。

上山　シュラエルマッハは私もあまりやったことがないので、ここで自信を持ってお答えできないのですが。マッハの場合 Empfindung という言葉を使っているけれど、自分の学術用語として表現したいのは Sinnlichkeit であるということです。Sinnlichkeit が区切られていって、複合体として作られた場合に、Empfindung になる。

これはあなたたちがよく言っていることでしょうと。それは学術用語としてはSinnlichkeitという形で、ふつう五感感覚でわれわれに関わっているEmpfindungというのは、これはよくわかる日常生活の感覚です。その言葉はドイツ人自身が日常感覚から来たものを熟成した形の言葉として成り立っているけれども、Sinnlichkeitというのはどういう風になっているのかということが、私も一時期非常に気になりました。マッハあたりは、やはりこのSinnlichkeitは学問用語として、やはりカントが言ったということが非常に大きく関係しているものですから、これはアカデミックな用語ですよという形で使っていた感じがあります。今の段階ではもう日常語のような感じがあって、読むと一緒になってしまっていることなんですが。

私も初め、このSinnlichkeitがパウロから来たのかルターから来たのか、ドイツ人がつくり出したのか、やはりこのSinnという言葉の「罪」の方の意味にキリスト教が相当おおいかぶさっているのではないかという気がします。こういうことは言語学者にお聞きして、このsinnlichがだいたい何世紀に生まれ、どういう意味で使われてきたのかを調べたらと思うのですけれど。感じとしては、sinnlichというのがルターなどになってくると、ルターの宗教革命がエロス革命、感覚革命だと言われるように、非常に今までのカトリックの宗教とは違う、いわばエロスというか、肉感的なものが入る。肉感が入るということは罪が入る。そういうものを公に出してしまうようになるから妻帯もいいのだと。これはカトリックからの中傷も含めたものがありますが、実際に社会的に見ると、なるほどそうだということも言える。

そういう意味でSinnlichkeitのsinnlichというものがどういうところから生まれてきているのかというようなことを見ていった場合、非常に面白いのではないかと思います。マッハあたりになると、すっかり学問用語に変化していることだろうと思います。宗教家も使う時に、いったいどういう文脈の、そういうグループの中で許容される音感として使っているのかということを見ないと、そしてどの時代に使われているかということを見ないと分らない。すごく中味に変化をきたしているのではないかという気がします。私もマッハの場合を見ていて、なるほどこういう使い分けをしているんだな、と思うことがあります。フロイトにしてもsinnlichというときなんかには、そんなにえげつない言葉だという意味は含まないという、きわめて学術レベルの科学の言葉として引き出している。実際の中身を見てみると、ものすごいエロスが入るのですが、そういう意味合いがあるように思います。

それからもうひとつ、石井先生へのお答えです。私は美術史や音楽史はすごく苦手なので、お答えのしようもないのですが、ただカトリシズムの中での超越論などの問題が出て来る場合には、どうもマッハの周辺にエゴン・シーレやクリムトとか、文学ならシュニッツラーなどがいるのですが、彼らなどは非常に狭いサークルだったということです。やはりリングシュトラーセ（環状道路）で囲まれているものだから、ある意味で共通の会話がそこで通用しなければならない。そこに『フェイトン』のような文芸批評があるものだから、文芸批評でどう評価されるかということは、彼らのまさに共通感覚じゃないけれど、そういう枠が芸術家の中に作られてきている。だからフロイトなんかはそれをすごく意識して、自分は孤立していると感じるのですが、実際はその中にある。

その時に全体として言えることとは、ウィーン大学の先生が流行していた心理主義の方の側に行ってしまった。そういう点では実験心理学の神経小説なんかでは、医学用語が堂々と小説の題材になると。その時にクリムトなどを見た場合に、彼の参画した『聖なる春』（「分離派」館）などは、全体に言えるのは、ギリシャへの復帰ですね。結局、ギムナジウムの教育によって、みんな共通の知識としてギリシャへの憧憬を持つようになっていたのではないか。ギリシャのテーマが演劇にしても、ホーフマンスタールの「エレクトラ」にしても、フロイトがエディプス・コンプレックスを発見したもととなった「オイディプス王」など、挙げていくときりがない。これをやればお互いに話が通じるというようになっている。クリムトなどテーマそれ自体を今度はギリシャ風に表現する。するとカトリックとぶつかる。カトリックの今までの超越というか、ああいうものからすると、やはりモデルネの時代が来て、ギリシャ、ヘレニズムで芸術に突出したものが出ている。それはマッハ的な、時間を崩壊させたような、ファイヒンガーの『かのように』の哲学だとか、ああいうものと非常によく似たものが、ウィーンの中ではだいたい共通の感覚としてあるものですから、やはり教会とぶつかるところに、芸術を含めて、ある大きな流れを解き放ったんじゃないかという気がします。

大橋　シュラエルマッハはSinnと言ったけれども、マッハはEmpfindungと言ったと思います。Sinnあるいはsinnlichと言う時は、カトリシズムという背景も考えられてくる。そうすると、二番目の質問の霊性という言葉と共通感覚というものがどうつながるかという問題にもなるかと思います。ちなみにSinnといいますと、Empfindungとは違って、ひとつには「意味」という意味があります。それからセンスス・コムーニスには「方向」という意味があります。それから上山先生がご指摘になった、カトリシズムにおけるsinnlichなものへの警戒というか、広がりが全然違ってくる。これをマッハの場合、Empfindungという言葉で表した背景はやはりウィーンの実証主義であって、自然科学の影響というものも大きかったのではないかと思います。

そうすると逆に、共通感覚という時の感覚は、どういう言葉になって、霊性とどう関わってくるかをお聞きしたいと思います。

中村　さっきご質問をいただいている時に伺っていて面白い問題になったな、と思ったのはなぜかというと、私は鈴木大拙さんの『日本的霊性』という本が割と好きなんです。前に読んだ時には、変なこと言う人だ、と思ったのですが、木村先生が先ほどおっしゃったように、今までは精神や魂といった言葉をわれわれは外国語のものを使っていて、何となくそれらの原語を頭の中で思い浮かべながらいつも使っていたわけです。ところが必ずしもそれではわれわれの感じるリアリティに近づけないわけですね。そういう意味で、鈴木大拙という人を私はだんだんこの頃評価しだしてたのです。その意味で「日本的霊性」というのは、他では言えないような言い方をしていると思っている。

ただし、この間も実は臨床心理士認定協会の会合で「心の専門家とは何か」という、何とも大袈裟な表題で話をしたのですが、もともとそこは心の専門家の養成をうたっていたものですから、心の専門家というのはどんな難しいものかという話をしたのです。その時も日本で心理学と言っているサイコロジーというのはプシュケーの学ですよね。それを心理学と言ってしまうと、すでにすごく大きな解釈（エラー）があって、ずいぶん広がりが狭くなると思ったのです。今の話に戻しますと、私が今日、共通感覚の話をして、初めてアリストテレスの考え方でかなりいろいろ面白いことが自分でわかったと思っているうちに、だんだんそれではある限界というのか、見えなかった部分が出てきた。簡単に言ってしまえば、プラトンからすばらしいヒントを得た。それで最後に根源的共通感覚ということを申し上げたのも、実はアリストテレス的なトポス論だけでやっていると、どうしても生命につながらないということです。やはり生命につながらないと、根元的共通感覚にならないというのが私の狙いです。

そうすると、先ほどのご質問で森有正先生の話が出ましたが、森さんは私の先生でもあり、先生とはいろいろおつき合いをしていました。ご質問された方がおっしゃることがとてもよくわかるのは、森さんの日本の思想界における意味は、とても大きいからです。今までは文学にしろ芸術にしろ、感覚というものを割合と軽んじていたわけですね。単なる感覚と言ってもいいし、あるいは表層のものとされていたとも言える。森さんは、感覚にこだわっていた。もちろん森さんはバッハなどに対する素養があるわけですが、私は森さんと同時に、妙な因縁でおつき合いをしたのですが、高田博厚という彫刻家の芸術論がまた、すばらしいんです。ことに『ルオー』なんて本当にすばらしい本です。興味のある方はお読みいただきたい。森さんや高田さんの書いたものはもっともっと読み継がれていいのに、この頃どうしてみんな読まないんだろうと思うくらいです。このお二人は、芸術と思想と宗教の、デリケートだけれど非常に重要な部分をうまくすくい上げた先駆的な人だと私は思います。

岡嵜　Sinnというのは非常に幅広い概念だと思いますので、捉えがたい部分が領域を何とかして言い表わそうとしているのではないかと。そういう面ではいろいろ刺激になっております。

中村 ありがとうございます。

岡嵜 先生は臨床でいろいろな人たちと接しておられると思いますが、宗教というのは、いわばデスクワークではなく、具体的に生きているなまの人間の集団であるわけですね。そこに命を見出せないと動かないというところで、少し似ているのではないかと思うのですが。

大橋 そろそろ時間ですので、お答えのついでに、最後に先生方には質問への回答を兼ねてコメントをお願いします。

木村 全体の？ そんなことはできない（笑い）。今のご質問の答えもちょっと難しいなと思うんです。宗教集団での共通感覚がどうなっているのかというのが最初のご質問ですね。私は何らかの緊密な、親密な集団ができれば、必ずそこに独自の共通感覚が発生するだろうと思うのですが、宗教集団の場合は、そこに教義という感覚以外のものが入ってきますから、感覚論で言ってしまえるかどうか難しいと思います。宗教集団でなくても、私たちの周りで言うと、たとえばフロイト派の人たちというのも、ひとつの学説でもって集団を作っています。そうした学説集団あるいはラカン派というような学派というものがありますね。もちろんそれなりに共通感覚は持っているでしょうが、プラス何かがあるわけです。今の、特に宗教集団の場合は、霊性と感性、私は霊性というものもよくわからないので、そういうものがからんできますので、感性の問題だけではちょっと言えないだろうと思いますね。

中村 共通感覚は、概念としてやたら広げたくないんです。基本的には共通感覚はコモンセンスとつながるものなので、どこの集団にでも共通感覚があるというような言い方はしたくないのです。もちろん感覚の共有性はあります。しかしそれを共通感覚と言ってしまうと、問題が拡散してしまうので、それとこれとは分けたいのです。

木村　こういうふうに言えばいいでしょうか。コモンセンスというものを持つための、いわば通路として、アリストテレス的な意味の共通感覚が必要なのだと。

中村　そうです。むしろコモンセンスの隠れた意味を再発見するためです。やはりいろいろなことを考えると、コモンセンスというのはとても大事なものです。さっき木村先生がおっしゃったような、それが成り立たないと精神疾患にとらわれるような、それぐらいすごいものですけれど、やたらにいろいろな集団を一緒にしてコモンセンスと言ってしまうと、問題が混乱してしまうのではないでしょうか。

木村　つまり全然別の言い方をすると、先ほどどなたかの質問にあった一人称性、あるいは複数一人称性とでも言うのか、われわれ性というのか、そうしたものをどこかに欠くようなことがあるわけでしょう。宗教集団というのはそれかもしれませんね。

中村　そうですね。それはありますね。

木村　第三者の介入を許さないという。

大橋　今年、生命という大枠のテーマの中で感覚というテーマを考えました時、正直に言いますと、こういうふうにテーマが広がっていくとは思っておりませんでした。上山先生からはウィーンの世紀末における、いわば歴史社会の精神風土というものとの密接な連関において感覚論が出てくるというお話をいただきました。その意味で、感覚の問題というのは歴史社会の問題とも結びつくし、フロアの中からいろいろご質問いただきましたように、言語論や芸術の問題でもあり、最後には宗教の問題にまで深まっていきました。もともと生命という大枠テーマからすると、そうだったかもしれないと、今、改めて思っております。こういう広がりを実現していただき、フロアの方々にもお礼を申し上げたいと思います。

二人の講師の先生に、あらためて日独文化研究所の名のもとに御礼を申し上げたいと思います。どうもありがとうございました。

第四部　生命―創作の秘密――ゲーテ生誕二五〇年に

第七章　彫刻になにをみるか

――高村光太郎とヘルダーの彫刻論から――

神林　恒道

一　ロダンとの出会い

日本における彫刻の近代は、ロダンの発見から始まると言ってもよいだろう。ロダンの名前が文書に初めて表われるのは、『千九百年巴里万国博覧会、臨時博覧会事務局報告、下巻』の中で各国の出品状況を述べた第三篇で、久米桂一郎が担当執筆した「仏国現代の美術」の報告においてである。だがまだこの時期、日本でのロダンの彫刻についての評価は、むしろ否定的なものだったようである。光太郎が回想するところによれば、明治三十七年帰朝したばかりの東京美術学校彫刻科助教授の白井雨山が、その油土の彫刻を評して「君の作風は細かにきれいに仕上げる方だからロダンの行き方と違ふ。ロダンは狂人のやうな彫刻家で、奇矯な作をつくるあんなまねは為い方がいい」と語ったという。作風が違うと言われて、かえって好奇心をそそられた光太郎が、そのロダンの作品を初めて見る機会を得たのが、雑誌『スチュディオ』の国際絵画彫刻展覧会の記事の中に出ていた《考える人》の小さな横向きの写真だった。光太郎は、これにひどく打たれるところがあったと述懐している。

光太郎が《考える人》の写真を見て感動していた頃、パリの展覧会場でこの作品を直接眺めて深く心を打たれた人物がいた。後にこれが契機となって、最初志していた画家から彫刻の道に転じた荻原守衛である。明治三十七年、荻原はこの年パリのサロンを訪れた。出展された数千点に及ぶ作品の中には確かに面白いものや美しいものはあったにしろ、真に荻原の精神を突き動かすような作品に出会うことなく、「窃かに索漠の感に禁えなかったが、廻り廻りロダンの作に対するに及び、駭然として驚き悄然として怖れ、稍々久しくして神往き魂飛び、又私自力の存在を感ずることが出来なかった、中略―私は作品に接して、始めて芸術の威厳に打たれ、美の神聖なるを覚知してここに彫刻家とならうと決心した」と、荻原は回想している。

自ら志を立てて苦学しながら画業に打ち込んでいた荻原が、ロダンその人の芸術が彼に与えた圧倒的な感銘はそれとして、これを契機にそれまで関わったことのなかった彫刻への突然の転身を決意させたその魅力はどこにあったのだろうか。それはひとつには、絵画的表現と彫刻的表現の可能性の違いを問うことでもある。一般に絵画も彫刻も一まとめにして造形芸術として括られてしまう場合が多い。だが絵画と彫刻のそれぞれに関わる、われわれの感覚は、実は本質的に異なるものである。つまり絵画は視覚の芸術であるのに対して、十八世紀のヘルダーの『彫塑論』以来言われてきたように、彫刻は根源的に触覚に関わる芸術なのである。では光太郎の場合はどうだったのだろうか。日本の伝統的な木彫の技術を継承した高村光雲の子として生まれた光太郎が、幼時から馴染んできたのは彫り刻む、いわゆる

「彫刻」の世界だった。後年の「触覚の世界」を読めば分かるように、光太郎は希代の触覚人間である。だがその光太郎に彫刻を触覚の芸術であることを初めて悟らせる契機となったのが、ロダンの芸術だったのである。

さて久米桂一郎はパリ万国博覧会の報告書で、かの地でロダンは「当代のミケランジェロ」と呼ばれているとその名声を伝えつつ、当時賛否半ばした「バルザックの奇警なる立像」に言及している。その部屋着姿の立像は、文豪にふさわしくない不謹慎なものであると非難され、さらに彫刻としての表現それ自体が「いびつで歪んでいる」とか、あるいは「フォルムがない」と酷評された。実はそこにこそ「当代のミケランジェロ」と呼ばれるにふさわしいロダンの造形表現があったのである。それは堂々たる塊量としての人体の把握である。人体というよりもやや傾いて直立した巨岩と言うべきかも知れない。そこには、一切の文学的形容を越えた純粋に彫刻的表現の無限の魅力がある。これを捉えることが出来るのは、視覚ではなくてただ触覚のみである。ミケランジェロでは「彫刻 Carving」がその作品の主たるものであったのに対して、ロダンの作品の主なるものは「塑像 Modeling」から出ている。「彫塑 Plastics」という芸術に固有な手触りの感覚は、塑像作品においてより強く印象づけられるのではないか。ミケランジェロ以後、アカデミーの伝統のうちに見失われていったのは、この根源的な触覚の表現だったと言える。この感覚を近代において再びよみがえらせたのが、ロダンの芸術だったのである。

日本の近代彫刻はまず、西欧のアカデミーの伝統を移植することから始まった。その後「彫刻」が「彫塑」と呼ばれるようになったとしても、そこに彫刻という芸術に関わるドラスティックな意識の変化が生じたわけではなかった。ロダンの作品を理解するためには、森に入って森を見ずのたとえではないが、アカデミズムの圏外からこれを眺める眼差しが必要だったように思われる。荻原守衛はその当初画家として芸術の道を志した。高村光太郎は仏師という伝統的な木彫の技術の継承者の家に生まれている。従来のアカデミズムという物差しでロダンを測るならば、いわゆるアカデミックな古典主義の規範から逸脱した奇矯な作家というほかなかろう。だが荻原は絵画的なものとの違いに気づくことから、高村は鑿と小刀を振るって巧緻の限りを尽くした彫物と対照的なロダンの塑像との違いに眼差しを凝らすことから、ロダンが近代において再生を目論んだ彫刻の何たるかをたちどころに悟ることができたのではなかろうか。

光太郎は東京美術学校入学当初、その制作において、ややもすれば文学的なテーマ主義にとらわれるところがあったと述懐している。「その頃の僕は生理的にも心理的にも一つの目覚めの時代であつて、彫刻をするについても非常に文学的に考へてゐたので、実際の仕事の上にも動物や仏像や人物、それから様々な世相のあらはれ、さういふものである観念を具備してをるものをやつてみようと念じてゐた」と語っている。当時『明星』に投稿し詩歌の世界に憧れていた光太郎のことを考えるならば、これはきわめて当然のなりゆきだと考えてしまいがちである。光太郎はその後も晩年に至るまで、美術と文芸の世界にまたがって旺盛な活動を続けた。だが初期の文学青年の時代はいざ知らず、この二つの世界を往還したその後の光太郎の意識は、われわれが想像するものとはまったく別の趣のものである。

光太郎は「自分と詩との関係」という評論で次のように書いている。「私は何を措いても彫刻家である。彫刻は私の血の中にある。私の彫刻がたとひ善くても悪くても、私の宿命的な彫刻家である事には変りがない。ところでその彫刻家が詩を書く。それにどういふ意味があるか。以前よく、先輩は私に詩を書くのは止せといつた。さういふ余技にとられる時間と精力とがあるなら、それだけ彫刻にいそしんで、早く彫刻の第一流になれといふ風に忠告してくれた。それにも拘らず、私は詩を書く事を止めずに居る。なぜかといへば、私は自分の彫刻を護るために詩を書いてゐるのだからである。自分の彫刻を純粋であらしめるため、彫刻に他の分子の夾雑して来るのを防ぐため、彫刻を文学から独立せしめるために、詩を書くのである」と。光太郎にとって詩や短歌を書くことは、そこで詩人としての胸中の有り余るほどのエネルギーを放出し、それによって客観的な造形の世界での彫刻家としての自分の姿勢を確保するための「一つの安全弁」として作用していたのである。

ロダンは自らを「自然主義者」であると呼んでいる。光太郎の詩歌や評論に、しばしば「自然」という言葉が出てくるが、そこにはロダンの作品そのものについての感動によって裏付けられたこの言葉への共感がうかがえる。だが光太郎はさらに踏み込んだところでこの「自然」という観念を解釈している。「文芸上の所謂ナチュラリストで彼はあり得ない。もつと素朴な、さうして又もつと大乗的な、自然随順といふよりも、もつと緊密なものであつたとおもふ。彼はもつと自然の内側の人であつた。むしろ造化の出店であつた」。つまり光太郎はロダンを「自然」の理法によって想像する芸術家と見ていたのである。

二　触覚の世界

「彫刻の本性は立体感にあり」と光太郎も言う。だが一般に「彫刻論」なるものを読んでいつも食いたらなさを感じるのは、これらの理論が作家のものであれ美術史家のものであれ、この「立体感」あるいは「量感」の表現といった言葉以上に突っ込んで彫刻の本質が語られることが少ないからである。光太郎は彫刻家をもって自らの天職と認じながらも、彫刻の作家である以上に理論家でありえた希有な人物である。光太郎は昭和十七年に、それまでおりに触れて書いた評論や随筆の類を「造型小論」としてまとめ、それに「素材と造型」、「現代の彫刻」（初出、昭和八年）、「印象主義の思想と芸術」を合わせて『造型美論』と題して出版しているが、そこに繰り広げられた彫刻論は、従来の彫刻論のなかで読み応えのあるもののひとつであると言っても過言ではない。

光太郎によれば、彫刻の本性は「本能の欲求から発する」ものであり、「確に手でつかめるもの」という原始的な喜びから「確に其処に在る事の不思議な強さ」を感じる精神的高揚に至るまで、すべて皆これは立体感からくる彫刻の特質であり、一切の彫刻はここを中心として集まるのだと語っている。この意味での立体感が欠如した彫刻は、もはや彫刻とは言えない。「袋物屋の店頭に見かける着色象牙掘の蜜柑や林檎は、いかに巧妙に出来てゐても彫刻ではない。名人松本喜三郎の作つた岩井半四郎似顔の浴み女の人形は、如何に真を写してゐても彫刻ではない。多くのアカデミシヤンの作る大理石像、石膏像等にも此に類似の非彫刻がある」と。さらに続けて「存在そのものが眼目であつて、何であるか、何を為てゐるか、は二の次の事である。彫刻の写真が殆ど皆作品の真を伝へないのは、此処に理由がある。写真は唯作品の状景のみを写す。一番の肝腎の点を誤り伝へる。大抵の場合、善き彫刻は悪しく写り、悪しき彫刻は善く写る」と述べている。光太郎が常に強調するのは、「彫刻性」あるいは「彫刻としての真実」である。光太郎は「彫刻性について」のなかで、上古の時代のドルメンに代表されるような、巨石崇拝に彫刻性の萌芽を見ることが出来そうだと語る。「彫刻に対する人間の根本要求は、物の再現そのものにあるのでなくて、物の力学的抽象性の美に在るのだといふ見解をとりたいのである」と。

それではわれわれは彫刻作品を写真のように見るのではなく、その彫刻としての真実をどのようにして知覚するのだろうか。対象を「確に手でつかめるもの」として、また「確に其処に在る事の不思議な強さ」を知覚する感覚、それは「触覚」に他ならない。西欧では伝統的に視覚および聴覚という高級感覚のみが、芸術に関わることが出来ると考えられてきた。そのなかで「彫塑 Plastik」を、真っ向から「触覚」の芸術であると規定したのがヘルダーであった。

光太郎にとっても、物の単なる視覚的再現を究極の目的とする立体作品はどこまで行っても模型の性質を離脱しえないものであるに過ぎず、「彫刻とは結局、眼で見た世界像の内側から出て来る力学的な充溢感に対する人間の惑溺に応へる一つの人類の有つ技術である」とされている。ギリシャ彫刻を例としてヘルダーが語っているように、彫刻が目指すべきものとは視覚が捉える「外を包むもの Hülle」ではなく、触覚のみが捉えることができる「内を満たすもの Fülle」、すなわち「美しい充実」に他ならないのである。その内なるエネルギーの自然の流出が、光太郎の言うところの「いのち」であり、これが彫刻の「姿勢」となり「動勢」となって作品に有機的な統一感を与える。その表現は「姿勢は河の如く、動勢は水の流の如く」、つまり水が谷間から出て自然と平地に河をなすような趣のものでなければならない。

ところで光太郎がこのヘルダーの古典的著作を知っていたのかどうか、それについての直接の言及は見当らないが、その「触覚の世界」の根底にヘルダーの彫刻観が見え隠れしているように感じる。光太郎の博識とその優れた語学能力からすれば、この著作を見過ごすはずはないと思われる。光太郎は「触知」という次の詩を書いている。

或男はイエスの懐に手を入れて
二つの創痕を撫でてみた。
一人のかたくなな彫刻家は
万象をおのれ自身の指で触つてみる。
水を裂いて中をのぞき、
天を割つて入りこもうとする。
ほんとに君をつかまへてから
はじめて君を君だと思ふ。

さてこの触覚人間としての光太郎の本領が遺憾なく発揮されているのが、その評論「触覚の世界」である。光太郎が言わんとすることは、その冒頭の書き出しにすべて集約されている感がある。「私は彫刻家である。多分そのせゐであらうが、私にとつて此世界は触覚である。触覚はいちばん幼稚な感覚だと言はれてゐるが、しかし其れだからいちばん根源的なものであると言へる。彫刻はいちばん根源的な芸術である」と。光太郎は具体的に自らの経験に即して、その触覚がいかに鋭いものであるかを述べる。光太郎の薬指は、その腹でガラスに触れるとき、そこにまるで「木目の通つた桐のやうな」筋目を感じることが出来るという。磨かれた鏡の面はさすがにそれほどでもないが、「わずか五寸に足りない長さの間にも二つほどの波がある事を指の腹は知るのであり」、さらにその波動の感覚は、まるで船のおだやかなピッチングのようであり、そこにある快い眩暈を感じることがあると語っている。光太郎は「人は五官といふが、私には五官の境界がはつきりしない」と述べ、視覚から聴覚、嗅覚、味覚までをすべて触覚の言葉と、触覚という感覚の根源性へと還元していこうとする。「空は碧いといふ。けれども私はいふ事が出来る。空はキメが細かいと。秋の雲は白いといふ。白いに違ひないが、同時に、其は公孫樹の木材を斜に削つた光沢があり、春の綿雲の、木曽の桧の板目とはまるで違ふ」と。まさに触覚人間の面目躍如たるものがある。

自ら楽器も演奏した光太郎の音楽好きはよく知られているが、自分は音楽を聞くときは全身で聞くのであり、それゆえに音楽は全存在を打つのであると語る。つまり生の音楽は縦横に飛んできて全身を包んで叩くのだという。光太郎にとって音楽的な感動は唯心的なだけのものでなく、純正な音楽への帰依からすれば、冒瀆のように思えるかも知れないが、自分が音楽に酔っているときの気分は、時として性に酔うようなところがあると述べている。嗅覚が鼻の粘膜の触覚であることは言うまでもないことである。だから「聯想的形容詞でなく、あつぼつたい匂や、ざらざらな匂や、すべすべな匂や、ねとねとな匂や、おしやべりな匂や、屹立した匂や、やけどする匂があるのである」と。味覚ももちろん触覚である。光太郎は味覚の範囲をさらに押し広げるかのようにして、「印度人がカレイドライスを指で味はひ、そば好きがそばを咽喉で味はひ、鮨を箸で食べない人のあるのは常識である」と付け加える。光太郎はこうして「五官は互に共通してゐるといふよりも、殆ど全く触覚に統一せられてゐる」と結論づけるのである。

だがこの触覚の根源性についての議論は、ヘルダーの『彫塑論』に遡ることができる。ヘルダーは「Begriff 概念」という言葉を取り上げて、「物事を理解すること」とは「物事をつかまえること」だと述べている。「子供の遊び部屋に入って、どんなに小さくとも経験の人間である子供が手や足を使って、つかんだり、握ったり、手に取ったり、重さをはかったり、さわったり、寸法をはかったりしながら、絶えず立体、姿、大きさ、広がり、距離などの難しい、最初の、そして必要な概念を忠実に確実に身につけようとしているのを見たまえ。言葉や説教ではそういう概念を子供に与えることはできないが、試みたり、試したりする経験がそれを与えてくれる。ほんの数瞬の間に、ただ見とれたり、言葉で説明するだけなら一万年かかってどうやらできる以上のことを習い覚え、それも、すべてをもっと生き生きと、もっと間違いなくもっと強く習い覚える」と。ヘルダーによれば、「子供の遊技部屋こそは数学的＝物理学的教授法の最初の博物館」ともいうべきものだというのである。

ヘルダーはディドロなどの「盲人論」を手がかりに、視覚によって人に与えられるものは平面にすぎないことを証明しようとする。ある時突然に目が見えるようになった盲人に世界はどのように映るだろうか。彼の視覚は、それ以前に触覚を通して知っていたものを何ひとつ識別できなかった。つまり彼の前に立っていたのは、あるいは覆いかぶさってきたのは、大きな図版であった。彼が触覚を目に訴えて認知すること、つまり空間の図形を従来の立体感覚の文字と見なして、この図形と文字を突き合わせて周囲の事象を読み取る能力を身につけるためには、かなりの時間が必要だった。それまで彼にとって絵は、ただ色の混じった平面としてしか見えなかったのである。

「あの月を取ってくれろと泣く子かな」という川柳があるが、ヘルダーもまた同じような例を引いている。「赤児には、空とゆりかご、月と乳母が並んで見えるので、乳母に対するのと同じように月に向かって手をのばす。赤児にとっては、何もかも一枚の板の上の像だからだ」と。子供は自分の身の回りのものを触ることによって、視覚と触覚を絶えず結びつけようとしている。やがて子供は視覚によって与えられる記号的世界を、速やかに理解できるようになる。そのとき感覚の土台である触覚は意識されないままに、視覚が触覚を切り詰めたものとして作用するようになるのである。だがヘルダーにとっても、光太郎にとっても真実はやはり触覚のうちにこそ存在する。人間にとって世界の理解は、まず周囲の世界を触知することからすべてが始まる。この真実を確かめようとするのが彫刻家であり、この芸術家の営みを光太郎は「彫刻的世界観」と呼ぶのである。彫刻は何かを写し表現するのではなく、それ自体として存立する言語道断の芸術だと言うことができよう。

三　彫刻の近代

光太郎にこうした触覚性をもって、彫刻の本質と見なす見方をひらいたのがロダンの作品だったことは、ここで改めて繰り返すまでもない。だがロダンの芸術を世に広く知らしめたのは、『白樺』の同人たちの力によるところが大きい。その熱気はロダンの生誕七十年を記念して、明治四十三年の『白樺』第一巻第八号をロダンの特別号に当てるまでに高まった。ところでこの特集号での「ロダンに関する独乙書に就いて」を「虎耳馬」、つまり児島喜久雄が担当しているが、そこに興味深い論文が挙げられている。それはボン大学教授のパウル・クレメンが一九〇三年春に雑誌『クンスト・フュア・アレ』に寄せた論文「ロダンとヒルデブラント」である。ヒルデブラントは芸術学者フィードラーと親交があり、その思想の影響を受けた新古典主義の彫刻家であるが、自らの作家としての体験をも組み込んだ『造型芸術における形式の問題』という芸術学の著述を残している。この論考はヘルダー以来、おそらく初めて彫刻家の視点から触覚の問題に言及したものとして注目される。児島がクレメンの論文から引用している箇所を見るかぎり、ヒルデブラントの彫刻論についてのその評価は、どちらかと言えばネガティヴに見える。ヒルデブラントの彫刻論はロダン風な触覚的な彫刻よりも、むしろ視覚的に統一体として眺められる、フォーマリスティックな彫刻の在り方を示唆するものである。その作品を見れば分かることだが、彫刻の全体的統一を重視するヒルデブラントは、空間体を最初から持つ石材からのじか彫りへ傾くところがある。これは触覚的に始まる粘土塑像が、段階を追って次第に視覚的な形式へとまとまっていくのとは実に対照的である。ちなみにヒルデブラントは、ロダンと同じ時代を生きた彫刻家であった。だがこの時期、『白樺』の同人ばかりではなく、光太郎からしてヒルデブラントにまるで何の関心も示していない。

ロダンが大正六年に没すると、さっそく『白樺』は翌年一月にロダン追悼号を出す。光太郎はその付録に「ロダンの言葉」を翻訳して掲載しているが、これを訳し始めたのは大正四年ころかららしい。このあたりから翻訳などを通じて、ロダンの芸術を語る評論が次々に書かれるようになる。そうした仕事の集大成とでも言うべきものが、昭和二年にアルス美術叢書二四として上梓された評伝「オオギュストロダン」である。その翌年の昭和三年に、先に触れた詩「触知」と評論「触覚の世界」が発表されている。ここに至って、光太郎がロダンの彫刻に何を理解したかが、ようやくその全容において語られるとともに、ロダンに対する無条件な熱狂と賛美が一段落すると見てもよい。その段階で、ヒルデブラントの彫刻観がロダンのそれと対極的な構造を持つものとして、光太郎の彫刻論に浮上してくるのである。これが昭和八年に発表された光太郎の評論「現代の彫刻」である。

今や光太郎はロダンの作品を公然と批判するようになる。ロダンは「美の一片は美の全体である」と語った。「ロダンの天与の指頭が触れるところ、一塊の粘土、一片の石、皆たちどころに生命を持った。彼は此所に彫刻の奥義を認めた。指一本、ばらばら肢体といへども既に全彫刻である。」だが芸術について、「全量ハ其ノ総テノ部分ノ和ニ等シ」という幾何学の公理は通用しない。ロダンはしばしばコンポジションの能力に欠けていると評された。光太郎によれば、それは能力の過剰によるものだという。

「ロダンの失敗する時、それは貧寒によらないで、過剰による。此の生命へのみの偏向が、漸く反動と省察の気運を彫刻界に目ざました」のである。もはや光太郎はロダン一辺倒ではない。その眼差しは批判的に現代の彫刻の潮流に向けられている。

さてそうした観点から、改めてロダンに対するヒルデブラントの位置づけがなされている。それによれば、「ロダンの生命本位、対、ヒルデブラントの形式本位。此の両極端のバランスの上下こそ彫刻にとつて最も興味ある問題を含んでゐる」とされる。光太郎はヒルデブラントについて、これまでその評価がもっぱら『造形芸術における形式の問題』の理論的著作に向けられ、作家としての具体的な彫刻作品が軽視される傾向にあるが、ヒルデブラントは理論に基づいて彫刻したわけではなく、この理論はその彫刻経験の裏打ちとして、またその考察記録として生まれたものであると述べ、実技においても秀抜な才能を持っており、ドイツがかつて有した最高の彫刻家のひとりであると言うことができると述べている。ヒルデブラントは、彫刻が成立する過程に二種類の視覚活動があることを指摘する。そのひとつは遠方に距離を置いて一目で対象を見るとき、その対象は遠像として、すべてが統一された平面上のもののように見える場合の視覚表象である。いまひとつは、対象に接近して眼を動かしながら時間の継起に従って、まるで触覚するかのように見る場合の運動表象であると述べている。彫刻家はこの運動表象によって制作するのだが、最終的に「遠像」としての統一形式を持たなければならず、こうした空間的な統一形式による全体の把握が彫刻そのものにとって最も重要な点であるとするのである。つまり彫刻家の課題は、実在する形としての「存在形式」を、視覚的仮象としての「作用形式」へと転化することであり、そこに現われる空間や形の作用現実性の処理に彫刻の芸術としての一切がかかっているのである。

光太郎はヒルデブラントを評して次のように言う。「彼はロダンの悪影響によつて危く蹂躙されかかつた彫刻にもう一度形式への引戻しを行つてその健全な進展を完うさせた。彼の彫刻の古典的形式に包まれた生命力、その比例、温雅な裁断、健康性、環境付属物との完全な調和、さういふ点で彼は非凡な実技家の特質を示す」と。さらに「ロダン、プラス、ヒルデブラント」。「此が前代が手渡した現代彫刻への最も意味あるバトンであり、此の二源流を看過しては現代彫刻の由来をつきとめる事が出来ない」と結論づけているのである。

しかし光太郎のロダンについての共感と評価は、もともと近代あるいは現代といった時代の枠組みを超越したところにあったのである。すなわち「ロダンはまことにルネサンス以降希有の大手腕の彫刻家で、いはば、眠つてゐた世界の彫刻精神をその巨腕でたたき起こした」人物として位置づけられる。ロダンは、彫物師の家に生まれた光太郎のうちに眠っていた彫刻精神をもたたき起こしたのである。ロダンがなしたこと、それは東西の違いを超えた普遍的な彫刻精神のルネサンスに他ならない。西欧にはギリシャ・ローマの彫刻の伝統が、日本においては天平彫刻の伝統が存在した。しかしこの伝統が見失われて以来このかた、ロダンの衝撃によって再びよみがえるまでの東西の彫刻の違いは、光太郎の言葉を使うならば、実は彫刻と言うもおこがましい銅像と置物の差でしかなかったのである。光太郎がロダンとの出会いで目覚めたのは「彫刻」そのもの、すなわち「彫刻精神」だったのである。そこに自覚された光太郎の「彫刻的世界観」は、彫刻における近代あるいは現代についての理解とは別のところに存在していた。「素材と造型」を見るならば、そこに光太郎の彫刻家としての本懐を見出すであろう。「遠像の理にある彫刻の一方面主義はいささか観念的であり過ぎる。彫刻はもつと無邪気に其所に放り出していいものである。それほど彫刻のマッスの関係は強かるべきである。…彫刻とは量の世界であり、此世の一切を量の比例均衡に於て見、捉へる者のみの作り得る芸術である。彫刻家は一切を触知する」と。

註

（1）　高村光太郎の詩、随筆、評論のテキストは、すべて『高村光太郎全集』（筑摩書房・昭和三十二年）に拠っている。選集ではあるが、『高村光太郎選集』（春秋社・一九六六年―一九七〇年）の吉本隆明、北川太一の両氏によって付された「解題」は、光太郎研究の基礎資料として見逃せない。彫刻家としての光太郎の作品や芸術観に触れた論考は、それほど多くはない。この分野での研究として次のものを挙げておきたい。

原田　実「高村光太郎覚書　―1～9完―」（「三彩」一九七〇年九月～一九七一年十二月）

増淵宗一「高村光太郎研究　―彫刻の側面から―」（「日本女子大学」創立八十周年記念号　日本女子大学紀要　文学部33　一九八一年）

岡村康彦「光太郎の絵画・彫刻論」（高村光太郎〈特集〉―光太郎の根幹―「国文学解釈と鑑賞　49（9）　一九八四年七月）

（2）　J・G・ヘルダー『彫塑』（Johann Gottfried Herder：Plastik）が公刊されたのは一七七八年のことである。だがこれは第三稿にあたるもので、『彫塑』の扉には「大部分は一七六八～一七七〇年に書かれたものである」と記されている。さらに「触覚（Anaglyphik＝彫塑）、視覚（Optik＝絵画）、聴覚（Akustik＝詩と音楽）等に関する同様な試論の未完の序章」と付記されている。西欧では伝統的に芸術に関わることが出来る感覚は、視覚と聴覚という高級感覚だけだと考えられてきた。そのなかで触覚こそが、彫塑という芸術に関わる本源的な感覚だと言い切ったのがヘルダーである。平面と立体という表現で、絵画と彫刻の境界が曖昧なままで放置されている現代において、この論考は改めて玩味される価値がある。

第八章　宇宙の生命の祝祭

――『ファウスト第II部』「古典的ヴァルプルギスの夜」を中心に――

柴田　翔

初めに―ゲーテとその時代

本日の日独文化研究所公開シンポジウムの総タイトルは「生命―創作の秘密」ということです。今年はゲーテ生誕二五〇周年ですので、私は晩年のゲーテと生命についてお話します。ゲーテは世に誤解されているような固苦しい道徳的な作家ではなく、生命に溢れた魅惑的な作家であるということです。

まずゲーテとはどういう人であったか、初めにお話しておきます。お手元の講演要旨に書いておきましたけれども、ゲーテは一七四九年にドイツのフランクフルトで生まれて、一八三二年にドイツのヴァイマルで死んでいます。これはどういう時代かといいますと、ちょうど真ん中あたりに一七八九年のフランス革命があります。フランス革命は決してフランスだけのことではなくて、その革命とその後の二十五年間の全ヨーロッパ的動乱によってヨーロッパ社会が非常に大きく変わる。新しいフランスをつぶそうとする貴族の古いヨーロッパと、革命後のフランス、更にナポレオンによって引き継がれたフランスとが戦う、そういう時期がずっと続きます。それがようやく落ち着くのが一八一四年。あれだけ強かったナポレオンが、モスクワが火事になって、ロシアの寒い寒い冬の中で逃げださざるを得なくなる。それは単なるきっかけで、ナポレオンは歴史上の役割を終え、敗北するべくして敗北するんでしょうけれども、結局すべてのケリがつくのが一八一四年、一八一五年。ナポレオンが敗北した後に、また昔の貴族達が戻ってきて、旧秩序復活を合言葉にする神聖同盟が結ばれます。しかし、政治の上では戻ってきますけれども、二十五年間の間に現実の社会は変化していますから、もう昔のヨーロッパではない。では、その二十五年間の前と後では何が違ったか。その前にあったのは、要するに宮廷を中心にした近世社会。それが一七八九年までのヨーロッパですけれども、一八一四年のヨーロッパはもう、市民のヨーロッパになっている。それはヨーロッパじゅうの王様が集まって議論したって、どうにもならない。現象的には色いろなことが起こりますが、結局、根本の変化は否みようがない。そうした一七八九年から一八一四年への非常に大きな変化が、ゲーテの生涯の真ん中にあります。

ゲーテが生まれたフランクフルトは非常に古い都市です。当時のドイツ国家は神聖ローマ帝国ですが、これはごくおおざっぱに言ってしまえば日本の江戸時代みたいなもので、但し中央権力が非常に弱かった。日本の江戸時代は藩が三〇〇ぐらいあったようですけれども、当時のドイツにも日本の藩にあたるような小さな領邦国家がやはり三〇〇ぐらいあり、しかも日本の藩よりはるかに強い独立性を持っていた。そして、フランクフルトは領邦国家の一種である、いわゆる帝国自由都市でした。それに対しゲーテが死んだ一八三二年がどういう年かというと、翌一八三三年の一月一日からドイツ関税同盟が発足します。つまり、今のEUでは国と国との間に関税が無くなって自由に物資が流通するようになりましたけれども、それと同じことがドイツという範囲内で起きた。それまでは領邦国家の国境ごとに関税がありました。つまり、ドイツがひとつの経済的に統一した国家となって非常に強い力をつけていく、その出発点が一八三三年。簡単にまとめて言えば、ゲーテは近世の中に生まれ、近代国家ドイツが今始まろうとしている時に死んだ。そしてその中間には二十五年間の非常に大きな動乱と変化の時期があった。そういう生涯を送った人です。

そしてゲーテは、そういう非常に大きな変化の時代の中で作家としてだけではなく、政治家・行政官・外交官として、また自然学者として活動した。それがゲーテの最大の特徴です。そういう変化の時代に人間が生きるというのはどういうことか。近世には近世の秩序がある。近代には近代の秩序がある。その秩序とは、目に見える秩序だけではなく、その中に生きている人間にはほとんど眼にみえない、自分がそれに縛られているというのにも気がつかないもの、それがその時代の本当の深いところにある秩序なんだろうと思います。ところが、ひとつの時代から次の時代へ、時代が大きく変わっていく変動期には、社会全体を無意識に縛っていた見えざる秩序がなくなる。しかも新しい社会の新しい秩序はまだ現われていない。そうすると、そこのところで美しい錯覚が起きる。秩序という強制的なものは無くても社会は自ずとうまくいくんじゃないか。そういう錯覚が起こる時代がある。

ゲーテは若い時にそういう幻想の瞬間を経験した人です。彼が若い時に全ドイツ的に有名になったのは『若きヴェルテルの悩み』によってです。彼はこれを書いたとき、社会で自分達を縛っているいろんな決まり、そういうものは無くてもいいんじゃないか、人間はもっと自由に生きられるんじゃないかと、一瞬夢見る。その夢が凝縮して、しかし更に、そんなことはありえないんだというところまで書いたのが『若きヴェルテルの悩み』です。同じ頃に同じ世代の疾風怒濤派の作家達が何人もいて、みな同じ夢を見る。だが彼らはその夢を見続けようとする。その中でゲーテだけは、夢への執着が結局自己破壊へ至ることに気がついた。そこが同世代の作家達と違うところですが、しかし同時に彼は自分が若い頃、二十一、二の頃、そういう幻想に捉えられていたことを一生を通じて決して忘れることができなかった。忘れた顔をして、まじめな顔をして政治家なんかやってますけれども、しかし心の底では、人間の生命の力が何にも縛られない状態があるんじゃないかという、一辺見てしまった夢を見続けていた。そして最後の夢を、もちろん若い時の形じゃないですけれども、書いた。それが死ぬ直前に書いた、今日話をする「古典的ヴァルプルギスの夜」の場面だと私は思っています。

一　なぜ「古典的ヴァルプルギスの夜」か

ゲーテが現在とかく敬遠され、読まれないのには、ある歴史的な事情があります。ごく簡単に言えば、一八六八年の明治維新の後、日本では、さてどういう風に国家を作るかということを考えた。その時、理論的にはいろいろな選択の可能性はあったわけですけれども、しかし現実には、ヨーロッパの植民地主義がもう眼の先まで来ている。香港はアヘン戦争（一八四〇—四二）の結果すでにイギリスのものになっていた。そういう状況下でできるだけ早く強力な近代化を行なわなければならない。その時、いったいどこがモデルになるか。日本の明治維新を担った人達が眼をつけたのがドイツでした。ドイツの統一は、一八七一年で、明治維新よりもちょっと後ですが、統一の中心は領邦国家プロイセン、ビスマルクが指導するプロイセンであり、十九世紀後半にはたいへん強力な中央集権国家になっていたプロイセンです。そして日本もプロイセン憲法にならって明治憲法を作って、名目だけの議会はありましたけれども、主権在民ではなくて、天皇主権、実際は独裁的権力を持つ政府を確立しました。それについてい い悪いの議論はありますけれども、当時の西欧の植民地主義に対抗するためには、ある必然的な選択であったと私は考えております。

さて、そういう歴史的過程の結果、ドイツ文化が明治国家の中の公認の文化になった。たとえば旧制高校で将来日本国家を担うべきエリートの卵たちがまず勉強するのは何よりもまずドイツ語であり、ドイツ文化だった。そしてそのなかで、ゲーテも旧制高校生たちの必読教養書になったわけです。それは、ドイツ文学のために幸せだったのか、不幸だったのか。将来、日本国民の道徳と、日本国家の秩序に対して責任を負うべき旧制高校の誇り高いエリートたちに読ませるわけですから、ゲーテがあまり身勝手な自己中心主義者では困る。その結果、日本におけるゲーテ像はたいへん道徳的になりました。例えば教養小説という言葉と結び付けられて、「青春の愚行を道徳的に克服して成熟する」「努力するものは救われる」「人格の完成を文学をもって目指したものこそゲーテである」と、そういうイメージがゲーテの本質だとされた。

実を言うと、それは日本だけではありません。ドイツ本国でもゲーテは、プロイセンを中心に統一した、新しい統一国家ドイツの誇るべき文化でしたから、そしてドイツもまた努力によって切り開いていかなければならない新しい国家でしたから、当時のドイツのゲーテ像も市民社会的道徳意識によって覆われていました。そして日本の私の先生の先生くらいにあたる昔の方々が、それを受け、それにさらに輪をかけて道徳的なゲーテ像を作っていった。

要するに明治国家と非常に強く結び付いたのが、戦前の日本におけるドイツ文化であり、ゲーテだった。では太平洋戦争の敗戦によって明治国家が崩壊したあと、ゲーテはどうなったか。戦前のゲーテ像は間違いであり、ゲーテの本質は全く違うところにあると見直されればよかったんですけれども、全然それはなかった。見直し以前に関心がドイツから離れてしまった。戦後の日本の国家モデルはアメリカでしたから、関心はそちらへ向き、ドイツは関心の外へ出た。その結果、ゲーテについても、「努力すれば救われる」というような偽造された道徳的なイメージだけが残ってしまった。ゲーテは大作家らしい。だから一辺読まなくてはならないけど、読むのは退屈だなあということになってしまった。それが今なお続くゲーテの不幸です。

しかしゲーテの本質はそうした道徳主義的なゲーテ像とは正反対のところにあります。ゲーテは豊かな作家です。そして、その豊かさは彼が大きな変動期を生きぬいた、しかもプライベートな人間としてだけではなく、公的な人間として世界に関わって来たということに支えられています。およそ人間が生きていてぶつかるほとんどの問題について必ずどこかで彼もぶつかっていて、それについて考えている。その彼が最後に行きついたのが、宇宙の生命の全的肯定であり、それを全面的に展開しているのが「古典的ヴァルプルギスの夜」です。

「古典的ヴァルプルギスの夜」は、『ファウスト第II部』第二幕の後半場面ですが、これを書いたのは八十二歳で死んだゲーテが八十歳ぐらいの時です。この「古典的」という言葉の意味は普通に言う古典主義的とはまったく違います。ギリシャ神話に出てくる異形のものたちが、実に自由奔放にさわぎまくる、そういう場面です。宇宙の生命、そして自然が、どんなに豊かであるか、そしてその豊かさをそのまま肯定している。このギリシャ像は反古典主義的なギリシャ像です。十八世紀の半ばぐらいから、ドイツではギリシャに対する関心が非常に高まっています。しかし、その時の人々が見ていたギリシャの姿というのは、いわゆる古典主義的なギリシャ像です。ヴィンケルマンがギリシャ彫刻を指して「高貴な単純さと静かな偉大さ」と言ったことは、よく知られている通りです。そして、彼自身はそういう静かさの中にある生命の力を決して見落としませんでしたが、彼によって切り開かれたギリシャ像は、時代の中でだんだん形式主義的な古典主義になっていく。その静かさの中にある生命が忘れられて単なる形式の問題、例えば左右が均整であるとか、詩形が整っているとか、そういう形式の問題になっていく。そういうなかでヴィンケルマンが最初に見た静かさの中にある生命の強さは忘れられていく。

ではゲーテはこの「古典的ヴァルプルギスの夜」の中で何をやったか。それは生命の力の復活ですが、但し、ただ復活させたんじゃなくて新たなダイナミズムの中で復活させた。生命というものが、いかに動くものか、働くものか、動き働くそのダイナミズムの中で生命を復活させた。それがこの「古典的ヴァルプルギスの夜」の基本的な意味あいだろうと思います。

二　老ゲーテ

よく知られているように、『ファウスト』には第I部と第II部があり、第II部をゲーテが書いたのは一八二五年、七十代の半ばを越えた時期からです。一番仕事が進んだのが一八三〇年、三一年、八十歳から八十一歳の時期で、この「古典的ヴァルプルギスの夜」もその頃に書かれています。そういう老齢に至ってなお、これほどに生命力にあふれた「古典的ヴァルプルギスの夜」を書いた。それがゲーテのすごさであり、最初に申し上げた通り、若い時に一度見てしまった夢、秩序によって縛られない人間の生命の輝やかしさの夢が、ここまで生きつづけてきたということだろうと思います。

ではそのころゲーテが周りの人にどう見えていたか。それをテレーゼ・フーバーという当時の女流作家の手紙によって見てみます。彼女は非常に若い時にゲーテに二度会い、年をとってからも手紙などで多少の接触がありました。若い時に見た若いゲーテと、年をとってから見た老ゲーテについてテレーゼ・フーバーはどう書いているか。

まずテレーゼ・フーバーが十九歳の時。当時は今みたいに鉄道があるわけじゃないですから、若い女の人が旅行するのはほとんど不可能なんですけれども、叔父さんがたまたま旅行をするので、それについてヴァイマルへ行くことができた。その嬉しさで、両親に手紙で非常に細かく報告しています。その引用です。

「そういう訳で、今日五月一日の九時半にゲーテが私たちのところにきたのです。彼は素晴らしい人です。思い上がっているところも尊大なところも全くなく、むしろ最初は少し当惑しているように見えました。」この時ゲーテは『若きヴェルテルの悩み』で世にもてはやされる三十三歳の人気作家であり、領邦国家ヴァイマルでは三人で構成される最高枢密会議の一人という有力者でした。「彼は私たちの旅について色々と話し、自分が私たちのために用意している計画を説明するために紙の上にすらすらとあたり一帯の地図を書いてくれました。(中略)ヴィーラントはずっと虚栄心が強い人ですが、ゲーテは自分のことには何ひとつ触れようとしませんでした。」ヴィーラントはゲーテより二十歳くらい歳上の有名作家で、ヴァイマルの公子の教育係をやっていた人ですけれども、十九歳の少女の眼から見ると虚栄心の強い人で、しきりに自分の作品の話をしたがる。だがゲーテはそうじゃない。「叔父がゲーテに水を向けても、彼は自分の仕事の話を避けて私たちのことを話題にするのでした。」旅行に行くのなら、あそこを見なさいよ、ここがおもしろいですよ、と説明してくれる。このヴィーラントとゲーテを見ているテレーゼ・フーバー、まだテレーゼ・ハイネと言っていましたけれども、十九歳にして、当時の有名作家二人に会っても、舞い上がってなくて、見るべきものはちゃんと見てる。将来、作家になるだけのことはある人だなという気がします。十九歳の彼女には三十三歳のゲーテというのは、非常に輝かしい人に見えていた。

ところが、それから四十四年後にテレーゼ・フーバーはゲーテについて何と書くか。手紙中のルイーゼというのはテレーゼの娘です。「ルイーゼはイェーナにゲーテを訪ね、彼の様子を見てすっかり憂鬱になってしまいました。エゴイズムと尊大さが冷たい息を彼に吹きかけて、その精神を麻痺させてしまい、彼はへつらい屋、ごますり屋たちのお世辞に自分をまかせています。(中略)ルイーゼは重い心を胸に一五分ばかり、この喜劇につき合った末、泣きながら席を立ちました。ゲーテの心はもう死に絶え、いまや荒涼たる幽霊のみが出没しているのです。」これは一八二七年、ゲーテ七十八歳の時の、テレーゼの手紙です。若い時は尊大さのかけらもない、あんなに輝かしい青年だったゲーテが、今や荒涼たる幽霊になってしまっている。テレーゼ・フーバーの失望が伝わってくる手紙ですが、当時の人たちの証言を読むと、大抵同じ方向です。ところが、その同じ老齢にあって、「古典的ヴァルプルギスの夜」という実に輝かしい場面を彼は書く。表面上は尊大きわまりないヴァイマルの老宮廷人の心の中で「古典的ヴァルプルギスの夜」のような、非常に輝かしい作品が、生き生きと動いていた。それは殆ど信じられないことです。

次に、こうした事情を彼の作品を辿って少し考えてみます。一八〇八年に彼は「パンドーラ」という詩劇の断片を書きます。ゲーテは五十九歳。主人公エピメテウスはパンドーラと結婚する。パンドーラは皆さんご存じのように、ギリシャ神話では災いの入ってる箱を開けてしまった人ですけれども、ゲーテはそういう風には扱っていません。そうではなくて天上からエピメテウスを訪ねて、彼と契りを結んだ天上の存在です。その二人の契りから生まれたのがエルポーレと呼ばれる娘。エルポーレとは希望という意味あいの名前です。しかしそのあとパンドーラは天上に去る。エピメテウスはパンドーラを失って、もう一辺、天上の存在であっても、かつては自分の妻であったパンドーラに会えないものかと思い続けています。そこに、娘のエルポーレ、つまり希望が訪れる。エルポーレにエピメテウスは呼びかけます。

エピメテウス　さあ来てくれ、私の腕に！
エルポーレ　捉えようもない私なのです。
エピメテウス　ならば約束して呉れ！
エルポーレ　何をでしょうか？
エピメテウス　あのパンドーラが戻ってくることを。
エルポーレ　ありえぬことを約束するのが私にはよく似合います。
エピメテウス　パンドーラは戻ってくるのだね？
エルポーレ　戻ってきますとも、必ず。

（観客にむかって）心根よき貴方がたの望むこと、夢みることを
拒むことなど、決してできない私です。
善良な少女の私から返るのは
いつも必ず、ええ、そうです、の言葉だけ。

この数行のやりとりは、両面から考えることができます。エルポーレ（希望）は、ありえぬことを約束する。だから、希望などというものはすべて空しいんだというふうにとることもできます。しかし、これを書いたゲーテにとっては、そうではなかった。あり得ぬこともまた希望することはできる。そこ

には少なくとも、希望する幸せというものがある。希望は空しいかもしれない。けれども、空しいと分かっていてもなおかつ希望せざるをえないのが人間であるし、それが実現しなくても、希望すること自体の中に至福がある。おそらく、五十九歳のゲーテはそう感じてた。翌年の小説『親和力』の最後の場面もやはりそういう、ありえぬことを約束する希望の言葉で終わっていますし、これ以降、ゲーテの書くもののなかで「希望」という言葉は一種のキーワードになって、何遍も使われます。

ところが、この「希望」というキーワードが老年のゲーテの中で死に絶える瞬間があります。一八二三年、「マリーエンバートの悲歌」では、希望が死に絶えて最後に残るのは自分を欺いた神々に対する恨みだけになります。

「マリーエンバートの悲歌」という詩が書かれた事情は、よく知られています。要するに七十四歳のゲーテの中で、突然十七歳の少女にたいして恋が燃え上がり、正式の結婚まで申し込みます。少女の母親は当然のことながら少女をゲーテから遠ざけてしまう。遠ざけられてしまった後に書いたのが、この「マリーエンバートの悲歌」です。これは非常に長い詩で、非常に優れた詩です。ゲーテが書いた優れた詩はたくさんありますけれども、その中でももっとも感動的な五つのうちの一つにも残るような、そういう詩ですけれども、その中からごく短く引用してみます。この詩の中で「希望」はどうなるか。「マリーエンバートの悲歌」二十三連のまんなか辺に「希望」という言葉が出てきます。少女が自分を親切に迎えてくれた思い出の場面です。

私を迎えるために門辺に立ち

日々私を仕合わせにしてくれたあの姿
（中略）
あの人とともに甦った
望む喜び、心弾む計画、素早い決心と行動。
（中略）
そして希望が、あの昔馴染みの境域から仄かに立ち上がり
穏やかな日の光のなかにあの人の姿が現われる。（十一連／十二連）

エピメテウスにあり得ぬことを約束した希望がここでも現われる。しかし、「パンドーラ」のエピメテウスは、希望することだけで幸せになれた。ところが、「マリーエンバートの悲歌」では希望することは結局、欺きに過ぎないということが最後にはっきり言われます。またパンドーラという呼び名が現われますが、パンドーラとは、ここでも「希望」の寓意です。最終連、二十三連からの引用です。

私にはすべてが失われ、私自身が失われた。
かつて一度は神々の寵児であった私――
神々はその私を試し、私にパンドーラを与えた
豊かな財宝に富み、それ以上に危険に富んだあのパンドーラたちを。
神々は私を、与えることを惜しまぬあの唇へと導き

そして今、そこから引き離し――破滅へと定める。

これでこの詩は突然終わる。ほとんど突然の中断です。しかし、すべての希望が失われ、神々さえもが一度は希望を与えておきながら自分を欺いた。そういう状況を書けば、中断しかあり得ない。希望が消滅して残るのは神々に対する恨みだけになる。これが実は晩年のゲーテの普通の姿だった。そとから見れば老齢のテレーゼ・フーバーの手紙にあるように、荒涼たる幽霊。彼自身も、神々は自分を破滅へと定めたと書いていた。しかし、そのゲーテが一八二五年、もう七十代の半ばを越えたときから、ファウストの第II部を書きはじめる。そうすると、そこに生命にあふれる作品が現われる。その不思議さは殆ど理解を越えます。

三　生命への回帰――「古典的ヴァルプルギスの夜」

さて、漸く「古典的ヴァルプルギスの夜」がどういうものであるかを申し上げるところまできました。『ファウスト第I部』でファウストは悪魔メフィストーフェレスと契約を結んで若返り、マルガレーテを誘惑して、捨てる。捨てられたマルガレーテは嬰児殺しを犯す。さて、第II部の冒頭になると、そのファウストは非常に深く眠っています。そして目が覚めると第I部で自分がやったことをすべて忘れている。マルガレーテに対する自責の念もすべて消滅している。人間の倫理の根本には記憶があります。

自他の行為についての記憶なしに倫理はありえない。ところがゲーテにとっては忘れることが生命の本質です。忘れることなしに生命は続き得ない。それがゲーテの根本的な考え方です。

さて、第I部の出来事をすべて忘れたファウストが第II部で何をするかと言うと、色々メフィストに助力させつつ、宇宙のあらゆる空間をめぐり歩きます。例えば、近世の神聖ローマ帝国の宮廷、世界に存在するあらゆるものの原型が浮遊する母たちの領域、そして歴史の中の古代ギリシャに行って、本来は神話中の人物である美女ヘレナに会ったり、そこからまた、あっという間に時代も空間もワープして、中世のゲルマン世界に行ったり、その他、自由自在に動きまわります。宇宙が広大な時空間だとすれば、その時空間には様々な場や局面があるのでしょうが、その様々な場と局面をおよそ想像力が許す限り極限まで動いていくのがファウストであり、『ファウスト第II部』の世界です。それは決してファウスト個人の世界ではなくて、宇宙の様々な空間で宇宙の様々な生命が様々な形で、しかしみな同じ宇宙の大きな生命の一環として動いてる——その宇宙の生命の働きそのものをすみずみまで書こうとしているのが『ファウスト第II部』です。そこではファウストは殆ど案内役に過ぎません。第I部とは違い、ファウスト個人の運命が中心ではないのです。

「古典的ヴァルプルギスの夜」は、そういう第II部の第二幕後半で、それだけで一つの独立した劇だと考えてもいいくらいの長さを持っています。第I部に出てくる「ヴァルプルギスの夜」はもともと古いゲルマンの伝説の中にあるものですが、この「古典的ヴァルプルギスの夜」は、ゲーテがある歴史的事件を踏まえて、自分で創案したものです。紀元前四八年八月九日にローマの共和制の運命を変える戦いが、北ギリシャのファルザロスで戦われました。それはもとより歴史上ただ一回の事件です。しかしその戦いが毎年八月の同じ日、同じ時間に幻のように繰りかえされる。それが、ゲーテが考え出したことです。ここでは、歴史的な時間と永遠に繰りかえす循環的時間とが出会っています。そして、その戦いの準備が進む前夜が「古典的ヴァルプルギスの夜」、歴史と永遠が出会う夏の夜なのです。そこに、古典古代の神話的形象、異形のものたちが集まって自由奔放に生命の祭りを祝う。

ファウストとメフィストもそこへ出かけますが、しかし早々に姿を消し、あとに残って話を先へ進めるのはホムンクルスです。かつてファウスト教授がメフィストーフェレスと一緒に書斎を捨て冒険を求めて世界へ身を投じたあと、ファウストの助手だったヴァーグナーが教授となり、生命を人工的に作ろうと努力を重ねる。その結果できたのが人工生命ホムンクルスです。これは間違いやすいことであるし、また非常に大事なことなんですけれども、決してホムンクルスは人造人間ではありません。同じ時代にドイツの作家のホフマンが夢みたのは生命なき機械人間、コッペリアでしたが、ホムンクルスは逆に生命そのものです。但しフラスコの中に入ったままで、まだ形を持っていない。地上の生命は、生命といっしょに形を持っていますが、ホムンクルスは肉体を持っていない抽象的で純粋な生命です。この純粋生命でまだ形を持っていないホムンクルスが、どうやって形を自分のために獲得するか、それがこの「古典的ヴァルプルギスの夜」を一貫して貫いている、いわば筋なのです。

フラスコに入って空中に浮くホムンクルスは異形のものたちが祝う祭の夜の中を、自分が形を得るための方法を求めて迷い歩き、そして出会ったのが、神話的世界に入り込んだギリシャの哲学者タレスで、彼から、すべての生命を生み育てる場である海に行くのがいいとの助言を得て、一緒に海に行くことになります。そして行った先が「古典的ヴァルプルギスの夜」の最終場面である「エーゲ海の入江」です。

「古典的ヴァルプルギスの夜」は一貫して祝祭的な空間ですが、その中でもこの「エーゲ海の入江」はその祝祭が頂点に達するところです。海の様々な異形のものたちが集まってきて、月の光に輝いているエーゲ海の入江の水面にその水に濡れた美しい姿を見せます。細かいことは省いて言えば、まず「エーゲ海の入江」前半の中心には当時小アジアに鎮座すると言われていた、生命を担う神々カベイロイの存在があります。美しい海の異形のものたちが、カベイロイをエーゲ海の入江まではるばる連れてくる。それがこの「エーゲ海の入江」の祭りの頂点です。やがて、カベイロイたちが入江をひとまわりして去っていくと、その後は、中心はガラテイアになります。ギリシャの海神ネレウスの大勢の娘たちの中でも、ひときわ美しいガラテイアが年に一度、父親に会うためにやってくる。それが「エーゲ海の入江」後半です。そういう話の進行の間を縫ってホムンクルスが、自分の生命にどうやって形を与えたらいいだろうかと、タレスに案内されて聞きまわり、最後に変化と生成の神プロテウスの忠告に従い、すべてを生み出す海の力に身をゆだねるべく、イルカに変身したプロテウスの背に乗って海へ乗り出します。そしてガラテイアが入江から去って行くのを追って、その美しい貝殻の車に自分を包むもろいフラスコもろともぶつかって行く。炎とともにフラスコは割れ、純粋生命ホムンクルスは大海原に溶けこむ。そしてホムンクルスの生命は、やがて人間の形態を得るに至るまでの何億年という進化の時間をそこから改めて辿り始める。それが「エーゲ海の入江」の最後であり、また「古典的ヴァルプルギスの夜」の最後です。

そういうふうに、この場面の最後は生命を育む海の美しさで終わりますが、そこに至るまでに様々な生命の姿をゲーテは書きこみます。決して均衡がとれた美しい調和だけが生命なのではない。一見、醜いもの、また彼らが争う苛酷な戦い、そういうものの中にもまた激しい生命の発露があることが、様々に語られます。

以下では、醜い、荒々しい生命のあり方、美しい生命のあり方、しかし両方とも生命という点では同じであるという、そういう意味合いを込めて、「古典的ヴァルプルギスの夜」から何箇所かを引用して説明して行きます。その際二十世紀前半のドイツの表現主義の画家マックス・ベックマンの『ファウスト第II部』の挿絵から若干お見せしながら話をして行きます。

まず、ザイスモス地震神の登場です。テキストと一緒に図1も見て下さい。

図1　地震ザイモスの出現—ファウスト第II部第2幕—(ベックマン)(GOETHE FAUST Zweiter Teil. Mit Federzeichungen von Max Beckmann. insel taschenbuch Insel Verlag/Frankfurt am Main より。以下同じ)

地震神ザイスモス（地下の底で唸り、騒々しく騒ぎ立てながら）
さあ、もう一度、力をこめて立ち上がり
二つの肩で大地を持ち上げるぞ！
（中略）これはみな、俺が一人でやった仕事だ
そうでないとは、誰にも言わせぬ。
もしも世界をこの俺が、揺さぶり、突き上げしてこなかったら

どうして世界が今ほど美しかろう?
あそこに見えるあの山々が、華麗に澄んだ青い大気に
そびえ立っているのは何故だ?
俺が押し上げ、絵とも紛れる魅惑の姿に
造り上げたからではないか!
大昔、夜とか混沌とかいう祖先たちの目の前で
俺は随分、力を振るったものよ。

（講談社文芸文庫ゲーテ（柴田翔訳）『ファウスト』下　七五一九行以下／七五五〇行以下）

最後の「夜とか混沌とかいう祖先たち」とは、ギリシャ神話の最高神ゼウスが世界を支配する以前の支配者たちです。地震神ザイスモスは、そのゼウス以前の時代から俺が世界を揺さぶってやった、だから今の美しい世界があるんだ、と主張する。つまり、そういう荒々しい生命の力があってこそ今の美しい世界があるんだと、ザイスモスの口を借りてゲーテは言っている。ゲーテは物の静かな生成を好み、自然史の分野でも、世界は火によってできたと主張する火成論ではなく、水の力によってできたのだとする水成論を支持したとは、よく言われることで、結論的に言えばその通りですが、しかし、火の力を彼は決して無視したわけではない。火の力なくしては世界はできないこともゲーテは非常によく分かっていました。

この火か水かというのは、実は、自然史の上のことだけではなくて、最初に申し上げた、近世から近

代に時代が変わる、その時の歴史の話でもあって、革命のような激しい力もなくては世界は変わらないということもゲーテはよく分かっていた。彼自身の好き嫌いを言えば自然にゆっくり変わっていくのが好きで、革命なんて嫌いだった人ですけれども、しかし、革命の力も世界を動かすときには必ず必要なことは、よく分かっていて、その認識が例えばこの地震神ザイスモスとしても現われる。

さて、こうして地震が起きる。あるいは、革命と考えていただいても結構です。そこで当然のことながら世界が大きく変動する。そうするとそこに、有象無象のやからたちが現われてきて、今こそ俺の時代だと威張ったりなんかもする。ゲーテの時代だって同じようなことが起きたわけですが、そういう言わば時代に乗り遅れまいと騒ぐ連中が、このザイスモスによる地震があった後にも現われます。小人族の長老が手下たちに言います。

さあ、みんな、急ぐんだ
居心地いい場所を確保せよ！
素早く仕事に取りかかれ！
軍備のためだぞ、迅速果敢！（七六二六行以下）

引用はごく短くしましたが、実際にはこういう連中がしきりにあれこれと騒ぎ立てます。しかしここで気を付けていただきたいのは、決してゲーテはこれを単に否定するために書いてるのではないことです。こういう地震があるとき、あるいは革命の時、こういう時局便乗の連中が現われる。それは軽佻浮

図2　奮り立つ小人族たち
―ファウスト第Ⅱ部第2幕
―(ベックマン)

薄で、その時々に便乗しようとする下らない連中だけれども、しかし、それもまた生命の働きのひとつなのです。ゲーテは現実の生活の中では、そういった連中は軽蔑し、政治家としては必要があれば平気で弾圧もした人ですけれども、しかし、作家としての彼は、宇宙の生命のそういう噴出の仕方を決して否認はしなかった。世界とはそういうもんなんだと、そう思っていた。図2を見て下さい。ベックマンのこの絵は、ゲーテの感じていたものを非常によく捉えている。ザイスモスが世界を大きく揺れ動かすと、その次にこういう卑小な連中が出てくる。小人たちの長老が得意げに指揮をし、下で小人たちがいかにも嬉しそうに足なんかを上げて騒いでいる。本当にしょうがない連中ですが、しかし、こういう嬉しさだって、やっぱり世に存在しているわけで、そういう嬉しさを作家としてのゲーテは決して無視していないし、またベックマンもよくそれを描き出しています。

　実はベックマンはこれらの挿画を、第二次大戦中ナチスの弾圧下でひそかに描きました。ここに現われる小人たちの表情には、ナチス治下で得意顔を見せている人々への画家の憎悪と軽蔑が描き込まれていると、私には見えます。

　このあと、この小人たちのところをホムンクルスが通りかかります。すると小人たちが「俺達の大将になれ。そうすれば一国一城の主になれるぞ」と言う。ホムンクルスもちょっと心が動く。自分はまだフラスコの中の純粋生命だが、そういうふうに完成に向かっていく道もあるかも知れないと思って、一緒にいたギリシャの哲学者、水成論者タレスに相談すると、「やめとけ、やめとけ」と言われる。小さいものと一緒にいると小さくしかありえない。本当に大きくなるためには大きいものと一緒にやらなくてはならない。こんなところで、こんな小さい連中にかまっていないで、海へ行こうとタレスは言う。そして、ホムンクルスとタレスは「エーゲ海の入江」に行きます。そこでは先程言ったように、海神ネレウスが愛娘ガラテイアを待っています。ガラテイアはネレウスの娘たちの中でもひときわ美しい娘ですが、ネレウスがガラテイアに会えるのは年に一度、八月八日の夜だけです。ネレウスはその年に一度の娘との出会いを待ちこがれている。そこにホムンクルスを連れたタレスがやってきて、この小さな生命が形に成りたがっているんだけれども、助言してくれという。娘との出会いを邪魔されて不機嫌になりながらも、気のいいネレウスは結局は「変化の神プロテウスに会え」との忠告を与えてくれます。

筋の説明はそれだけにして、いよいよガラテイアがやってきたときの場面を少し読んでみましょう。最初は「セイレンたちの歌」です。セイレンはギリシャ神話では、そばを船乗りたちが通りかかると美しい歌を歌って彼らを引き寄せて難破させてしまう。それがギリシャ神話のセイレンたちですけれども、しかしここでは、その不実なセイレンたちさえもが、真実の歌を歌っています。待ちに待ったネレウスのところにガラテイアがやって来る。そしてセイレンたちが歌います。

月のまわりにあんなに豊かな輪を描《えが》く
あの小さな雲の集まりは何でしょう？

あれは恋に燃える鳩の群れ、その翼は白く輝く光のようです。
ヴェヌスが波から生まれたキプロス島で
ガラテイアが継いだパポスの神殿がはるかに送ってよこした
恋に焦がれる鳥の群れです
今宵の祭りは今こそたけなわ
晴れやかな喜びが胸にあふれて透明に輝き渡ります。（八三四〇行以下）

恋に焦がれる鳥たちに先導され、美しい貝殻の車に乗ったガラテイアがいよいよ現われ、ネレウスは思わず叫びます。

ネレウス　おお、お前か、娘よ！
ガラテイア　父様！　嬉しい！
イルカよ待っておくれ！　父様の目が私を放さない。
ネレウス　ああ、もう行ってしまった。大きな輪を描きながら
みな、もう去ってしまった。（八四二七行以下）

本当に一瞬です。ガラテイアは貝殻の車を牽くイルカに待っておくれと言うけれども、当然のことながらイルカは止まらず、ガラテイアを乗せた貝殻の車はたちまち遠く去って行く。一年待ち続

けたネレウスの失望は大きい。だが、それでもネレウスは何と言うか。

ネレウス　だが一目見ただけでも
その喜びが逢わぬ一年を償うのだ。（八四三〇行以下）

さきほどの「パンドーラ」からの引用を思い出して下さい。パンドーラと別れたエピメテウスは、そのパンドーラと会いたいと思い、希望をエルポーレからもらう。そのときは、希望すること自体が既にひとつの幸せではあったが、しかしその希望が現実化することはなかった。ところが、ここではネレウスは一年にただの一瞬ですけれども、希望が実現する。そして一瞬であれ希望が実現すれば、それが会わぬ一年を償ってくれる。思い出してみれば、「パンドーラ」執筆とこの「エーゲ海の入江」執筆との間である一八二三年には、ゲーテは神々を呪う詩「マリーエンバートの悲歌」を書いています。そしてその一八二三年が過ぎた後、この「エーゲ海の入江」で死を翌々年に控えたゲーテは、もう一度、たとえ一瞬にせよ希望は満たされるのだ、一瞬にせよ確実な充足は与えられるのだということを語るのです。

図3　ホルンクルスへの助言を求めるタレス—ファウスト第Ⅱ部第２幕—（ベックマン）

図4　去って行くガラテイア―ファウスト第Ⅱ部第2幕―(ベックマン)

　ここで図3を見て下さい。ベックマンの描くこの絵では、中央の黒い人物がネレウスで、右手にいるタレスが彼にホムンクルスへの助言を求めています。うしろのフラスコの中には、いまだ形態を持たぬ純粋生命ホムンクルスの影が浮かび、何かを求めるかのように両手を掲げています。この絵に現われる三者の表情には、生命の形態生成への道を探りつつも、むしろ何か憂いに似たものが現われています。また図4は、ネレウスとの再会のあと、入江を去って行くガラテイアです。前面にクローズアップされた彼女の表情も異形のものたちに担われて海を行くガラテイアの姿もともに、いま果した再会の喜びよりも、むしろそれが一瞬でしかなかったことへの悲しみに打ちひしがれているように見えます。この二枚の挿絵には、ナチスの弾圧下にあった画家の困難な状況がはっきり反映しています。あれほど喜びに充ちたテキストを前にして、これほど暗い表情を描き込む。ベックマンは『ファウスト第II部』の挿絵を、やがてその発表が可能になる日のためにひそかに描きつづけながらも、ゲーテのことをくりかえし「あの老いぼれのオプティミスト」と呼んでいたそうです。

　さて老オプティミスト・ゲーテのテキストに戻ると、一瞬ではあったが、ネレウスは満たされた。そして、ホムンクルスも、いのち溢れる水の世界に身を任せよというプロテウスの忠告に従ってガラテイアの後を追い、その美しい貝殻の車にぶつかって、砕けて散る。フラスコが割れ、ホムンクルスのいのちは炎となって燃え上がりつつ海に溶けこんで、やがて形を得るためにもう一度進化の長い長い時間をはじめから辿り直すのです。そして、そのホムンクルスを見ながら、「エーゲ海の入江」に集まった海の生命たちが声を合せて宇宙の生命の働きを誉めたたえる歌を歌い、それで「古典的ヴァルプルギスの夜」は幕を閉じます。その歌に耳を傾けましょう。

貝殻の車に乗るガラテイアの足元で炎が燃えあがる。

タレス

あれはホムンクルスだ、プロテウスに誘われた……
抑えることを知らぬ憧れが炎となって現れている。
輝くガラテイアの玉座にぶつかり砕けずにはいないだろう。
そら、燃え上がる、稲妻が走る、ああ、流れ散った。

セイレンたち

海に栄えあれ！　波に栄えあれ！
聖なる炎に囲まれし海に、波に！
水に栄えあれ！　炎に栄えあれ！
そしてホムンクルスの稀なる冒険に！

みな一斉に

優しく波打つ大気のそよぎに栄えあれ！
不思議を隠す大地の底に栄えあれ！
高らかに誉め讃えん、この世の基底
水と火、大気、大地の四大のすべてを！（八四八〇行以下）

図5　エーゲ海に明ける朝―ファウスト第II部第2幕―(ベックマン)

こうして世界の中で永遠に波打ちつづけている大いなる生命への讃歌で「古典的ヴァルプルギスの夜」は終わります。それは毎年めぐってくる八月八日の、月光の下の光景です。しかし図5を見て下さい。ベックマンはここでさらにその先、その夜が終わって新しい生命とともに新しい日が始まる、翌朝の日の出の風景を描いています。エーゲ海はギリシャから見れば東へ向いて開けている。その東の方から今太陽が出てくる、朝の風景です。ベックマンはおそらく、「あの老いぼれのオプティミスト」の思い描いた生命に溢れる海の風景と、自分の内面に浮ぶ人物たちの暗い表情との違いを、はっきり意識していたのだと思われます。そして、それは時代の違いであり、乗り越えることのできない、また乗り越える必要もない違いです。しかしベックマンは、ゲーテとの違いは違いとして、自分にとっての「希望」を、本来のテキストにはないこの朝の光に浮び上がる海の拡がりの光景に描き込まずにはいられなかったのです。

あと『ファウスト』論として言えば、この「古典的ヴァルプルギスの夜」を『ファウスト』全篇の中へどう位置づけるかという問題が残りますが、時間ももうありませんので、場合によってはコメンテーターからお話を頂いたあと、討論の際に申し上げることにしたいと思います。一言だけつけ加えると、ギリシャの海の世界と最後のファウスト救済の場の間には、ひとつの「裂け目」があると私は思っています。そしてその「裂け目」は、自然の大いなる生命の一部でありながら、他者との関係性の中で生きることを定められている人間存在が必然的に直面する「裂け目」です。どうも有難うございました。

ディスカッション

司会（大橋）　それではシンポジウムの第二部を始めさせていただきます。司会の寸感を述べますと、三つぐらいのキーワードで、二つのお話がつながるような感じがしました。

一つは近代という問題ですね。神林先生のお話では、彫刻における、江戸時代に始まっていた伝統の枯渇というか、ある種の断絶、そういう状況の中で高村光雲において西洋のリアリズムというものが導入されるようになり、かつそれが高村光太郎においてロダンを介して触覚というものを通じてのめざめということに。これは要するに、日本近代の一つの側面というふうに捉えることができると思います。他方で、柴田先生が一番最初にお話になりましたように、ゲーテがフランス革命を人生の中間においてくぐって、そのフランス革命の後に市民社会が進行していく。そうすると、ゲーテ個人においては、秩序幻想といいますか、秩序がなくても生きられるというような、解放の幻想というものが、このゲーテ晩年の「古典的ヴァルプルギスの夜」というところにもう一度文学的な形をとって復活してくる。そうすると、ここにもヨーロッパ近代の言わば深みというか、奥行きというか、あるいはそこに再びよみがえるギリシャの伝統とかを感じさせるような気がしました。そういう近代というテーマが両方に浮かび上がってくると思います。

二番目にはやはり、この公開シンポジウムの基本テーマである生命ということで、これは当然、生命というテーマでお話くださったわけですが、神林先生のお話では、彫刻的生命というものが問題になりました。この彫刻的生命あるいは触覚において発揮、統一されるところの生命は当然、形を形成するものであります。まさしくその形を求める純粋生命ともいうべきホムンクルス、これがファウスト第II部「古典的ヴァルプルギスの夜」をつらぬくテーマであるということを柴田先生がお話になったわけであります。そうすると、生命という連続テーマをめぐって彫刻的なアプローチとゲーテのファウストのアプローチということが、ここに浮かんでくるかと思います。

そのアプローチをめぐって、三つ目のキーワードと思われたのが、自然ということであろうかと思いました。この自然についても、この公開シンポジウムは四年ほどやりましたが、高村光太郎においても、この触覚の世界を形作る場合の自然ということが問題になるでありましょうし、ここらへんはもう少し神林先生におうかがいしたいところでありますが、他方でホムンクルスの場合にはイオニアの自然哲学が問題になっております。最後には海に戻って、そこから生命誕生のプロセスをはじめる。これは近代というよりはまさしく古典的自然という感じがしますが、そこらへんのところが、現代、今日、ここで生命を論じる場合にどういうことになるのか、いろいろとおうかがいしたいと思います。

そういった、近代、生命、自然というキーワードが自ずから浮かんでくるかと思いますが、それに付随して例えばホムンクルスの場合は、プロテウスがホムンクルスに、「君は人間になったらそこでお終いだぞ」というような台詞が出てきたかと思います。それに対して神林先生が引用されたヘルダーの場合にも、とりわけ『人類史の哲学のイデーン』という本の中では、人間というものが生命発展の最終段階という思想が明確に打ち出されてくるわけでありますから、ホムンクルスの考えとヘルダーの考えと、類似しているのか違うのか、フロアには一昨年、スピーカーとしておいで下さいました坂部先生もいらっしゃいますので、ヘルダーのことなども、お伺いしたいなという気がいたします。その他、ゲーテの専門家、独文の専門家、あるいは美学の方、いろいろフロアにいらっしゃいますので、これらのキーワードに限定することはありませんが、それぞれのお話にたちいってのことでも結構でございますので、ディスカッションを始めたいと思います。まず藤縄先生よりコメントをお願いしたいと思います。

藤縄　日本近代美術の黎明期については、一般には絵画が多く取り上げられますが、本日は、高村光太郎の「彫刻的世界観」の成立をめぐって、ヘルダー、ロダン、ヒルデブラントについて論じていただきました。西洋美術の紹介者でもありました高村光太郎は、同時代のロダンやヒルデブラントだけでなく、ゲーテ時代のヘルダーの理論からも影響を受けていたというお話、大変興味深くうかがいました。先ず表題の『ロダンとヘルダー』ですが、彼らは「彫刻」を「触覚の芸術」としたことでは共通ですが、二人には約百年の時代の差があります。一七四四年生まれのヘルダーは、当時の啓蒙主義の知的な芸術観に反対して、感覚とくに触覚を芸術に対する人間の基本的態度とし、その最高の作品として、古代ギリシャの青年裸体彫刻、すなわちアポロン像をあげました（このことはゲーテやヘーゲルに影響を及ぼしたのですが）。一方その約百年後ロダンは触覚的な力強い作品によって、当時の形式的なアカデミズムに反対したのですが、しかし彼は「どんな芸術家もフェイディアス以上にはなれない」と言っています。

またほぼロダンと同世代の彫刻家ヒルデブラントは、ヴィンケルマン的な単純、静謐、明晰なギリシャ美の理論を掲げ、形式を重視する立場をとりましたが、光太郎はロダン熱から覚めた晩年、ヒルデブラントに惹かれ、彫刻はロダン＋ヒルデブラントでなければならないと考えたと言うのです。この神林先生の御指摘いろいろ考えさせられますが、もともと光太郎は芸術にとって重要な感覚とか触感は一般に言う程度の低いものではなく、高度な人間的要素だと強く考えていたようです。それは神林先生の彫刻的世界観のご説明からも明らかですが、私はここで光太郎の大正六年の『芸術雑話』の中の言葉をあげてみたいと思います。「昔独逸の一詩人が芸術を人間の遊戯本能から出たものと考えた。この考えを迷信している学者もいるが、これは人間の娯楽欲と芸術欲とを同一視した見解であって、もっともらしい錯誤である」と言っています。これは明らかにシラーの「遊戯行動（Spieltrieb）」のことですが（尤も光太郎はシラーの遊戯衝動を正しく理解しているとは言い難いのですが）、とにかく光太郎は娯楽的感覚とは違う感覚、高度な人間の感覚を考えており、両者の混同を嫌い恐れていたように思います。つまり、ヘルダー、ロダン、ヒルデブラント、光太郎ともギリシャ彫刻の美を最高とする一種の理想主義者であったような気がするのですが。しかし大切な点は、彼らのギリシャは、ヘルダーが言うように、アルカイク初期の「ダイダロスからリュシッポスまで」を考えているわけで、いわゆる新古典主義的なギリシャではなく、柴田先生がおっしゃいましたようなミスティックな妖怪的な素朴なギリシャまでも含めたギリシャ彫刻の中に、より本質的なものを見ていたように思います。そこにこの四人の天才たちの新しさもあるのではないかと思うのですが。最後の方で神林先生が、リッター派とか表現主義とかの流れをご指摘になり、またロダンは近代を開いたというよりも、ミケランジェロのようなルネサンスの力を叩き起こしたのだというご指摘もあったように思うのですが、彼らの現代美術との関係はどう考えればよいのでしょうか？　ことに光太郎が亡くなるのは一九五六年ですよね。第二次世界大戦後までつながっているわけですけど、現在はそれからすでに半世紀が経っているわけで、そういう現代をも含めてその関係をもう少しご説明いただけたらと思います。

司会（大橋）　芦津先生に続けてコメントをお願いします。

芦津　今から一七年前に、東京であるゲーテの学会が催されたとき、司会をしていて最後の挨拶で次のようなことを口にしたのを、まだ覚えています。一九八二年にゲーテの没後一五〇年を祝ったときのことです。一七年後の一九九九年にはゲーテ生誕二五〇年を祝うことになるが、それは奇しくもノストラダムスが世界の破滅を予言した年にあたる。ゲーテは「生の詩人」とも呼ばれるが、その「生」の祝典と世界の「死」とが重なり合うようなことになれば、一体どういうことになるのであろう。もちろん半ば冗談ですが、こんなことを考えて話したのです。しかし、お陰さまで、この一九九九年も無事に乗り越えることができそうです。どうやらゲーテの「生」の方が勝ったようです。

シンポジウムのテーマは「生命」となっていますが、まずゲーテ自身の生命のことが考えられます。ひどい難産のために黒ずんで、ほとんど仮死状態で生まれたゲーテですが、逞しく生き、八十二歳という長寿をまっとうしています。ほんらい身体が頑強であった上に、健康にも充分に留意したのでしょう。タバコも吸わなかったし、酒も無茶飲みはしていません。もうひとつ感心することですが、ゲーテは何を思ったのか四十六歳の一月一日から日記をつけはじめ、一日も欠かすことなく日々の体験を簡潔に書き記しています。この習慣は死の直前まで続きますが、驚くべきことに病気の間ですら、まるで医者のように自分の病状を記録しています。その日その日の体験を書き記し、整理しながら生の全体を生きのびたとも言えましょう。

さきほどゲーテは忘却の名人であったとの話がありましたが、まさに彼は自己の体験を語り、そこから解放される、つまりそれを「忘れる」ことによって人生を更新し、建築することができたのです。『ファウスト』第二部の冒頭にも忘却の場面があります。主人公ファウストはアルプス山中での深い眠りによってグレートヒェン悲劇の痛手を忘れ去り、苦悶から癒されて新しい生によみがえっています。ここで忘却は安易な逃避ではなく、むしろ苦しみとの真剣な対決を象徴しているのです。ゲーテの場合、詩作そのものも忘却を通しての創造行為であったと言えましょう。まさに「忘れる」ことによって成長する「生命」が、ゲーテにおける「創作の秘密」であったのです。

さて両先生のお話は実に興味ぶかく聴かせていただきましたが、二、三、感じたことだけ話させていただきます。神林先生は彫刻における触覚の働きを強調された際に、ヘルダーの『彫塑論』（一七七四年）にふれられましたが、これはゲーテにも関係する重大な一視点だと思います。ヘルダーがシュトラースブルクの町でゲーテに出会った一七七〇年は、近代ドイツ文化史における感覚論への目覚めの年であったと言えましょう。ゲーテはシュトラースブルク大寺院を論じて、建築は視覚にも触覚にも、それのみか聴覚にも訴えると言っています。ヘルダーの彫塑論では視覚に対しての触覚の優位が語られていることは事実です。セザンヌは目に見えない、手で触れた対象を描いたというコリングウッドの有名な言葉も思い出されます。このような新しい感覚論の立場にあっては、音楽と触覚とのつながりを論じることも可能となるでありましょう。

柴田先生は、『ファウスト』第二部から最も難解な場面のひとつとされる「古典的ヴァルプルギスの夜」を取りあげられ、あまたの神話的人物や妖怪の類の登場するこの舞台を大胆に、興味ぶかく解釈して、そこに豊かな宇宙生命（自然）の肯定を指摘されました。他方、第二部の結びをなすファウストの救済の場面には「裂け目」を通しての無限への飛躍という表現があてられ、あたかもホムンクルスの生成とファウストの昇天とは別次元の出来事であるかのような感じがしました。

しかしファウストの救済にあずかる「永遠に女性的なるもの」も、宗教的真理を暗示しながら、やはり自然の証しではないでしょうか。ホムンクルスの生成とファウストの救済との間には「裂け目」どころか、「自然」という名の大きな道が通じているのではないでしょうか。こんなことを考えました。

司会（大橋）　それでは、神林先生からコメントに感想がおありでしたらお願いします。

神林　一応、原稿を用意してきまして、時間内にしゃべりきるつもりだったのですけれども、後半の方はちょっと急ぎすぎましたので、分かりにくい部分がおありではなかったかなと思います。そこで若干コメントを加えておきます。

ヒルデブラントは別に難しいことを言っているわけではありません。ロダンは彫刻の本質的な生命は触覚だと言います。ですがヒルデブラントはそれも大事だけれども、やはり彫刻は同時に見られるものでもあるから、見られるフォルムというものも考えなければいけないのではないかというのです。これがヒルデブラントがいうところの、ビルドゥングス・フォルム、作用形式というもので、それに対してロダンはダーザインス・フォルム、存在形式の作家であったということなのです。

藤縄先生のコメントとご質問についてお話をさせていただきますと、ロダンという人は決して近代彫刻を始めた人ではない。つまり、彫刻というものはミケランジェロの時代から絶えて無くなったのである。つまり、彫刻というのはもっぱら見られるものだと人々は考えてきたからだ。それをロダンという人は剛腕を持って、眠っていた彫刻的精神というものを叩き起こしたのである。その影響を受けたのが日本では荻原守衛と高村光太郎という二人の人物であったというお話なのであります。

ところで、人は彫刻を見るとどうしても触ってみたくなります。例えば、フィレンツェへ行きますと、町の広場の一角に青銅の猪がありまして、鼻を撫でるとまたフィレンツェに来られるという言い伝えがあります。そこで皆が撫でるので鼻がピカピカしています。ですが、これは見た目にあまりよろしくない。また日本でもお寺にまいりますとよくおびんずる様というのがありまして、頭をなでると無病息災ということで、皆がなでるので頭がピカピカ光ってる。これもまた見た目にはよくない。実は気がついていないのですが、我々が彫刻を鑑賞する、あるいは彫刻家が制作するときも、その対象を直接に手で触るわけではありませんが、実は目でもって徹底的に触りまくっているのです。古道具屋でなかなか作品を見せてくれない変な人がいる。どういうことを言うかというと「目アカがつく」と、こういうふうに言うわけですけれども、「目アカがつく」くらいに触りまくるようにして見るというのが、本来的な彫刻という芸術についての見方です。ですから、この頃の気のきいた美術館に行きますと、レプリカがありまして、目の不自由な人でも自由に触ってもかまわない。ピカピカ光ってもかまわないという作品展示があります。

触覚ということで、もうひとつ言いますと、皆さんがよくご存知のマイヨールという作家がいますが、このマイヨールという作家はもともとゴブラン織りの職人でした。年をとってから目が悪くなって、それから彫刻に転じたという人です。あるいは、ドガという画家をご存知と思います。この人も晩年、目が悪くなりました。それで彼は彫刻を始めます。これも非常に素晴らしい彫刻で、実は今年の夏メトロポリタンへ行ってきましたが、そこにドガの特別な部屋がありまして、馬とか踊り子の非常に見事な彫刻がありました。そのことを考えてみても、彫刻というものは決して視覚的なものではなくて、本質的に触覚的なものだということは、十分お分かりいただけるのではないかと思うのです。ただ、光太郎は最初のうちはロダン、ロダンとロダン一辺倒でしたが、やがてヒルデブラントの存在に気がつき、ヒルデブラントの作用形式と触覚的な存在形式とのバランスの間に本来の彫刻があるべきではないかということを言いだします。ですが最後には元に返って、やっぱり彫刻というのは触るものだという結論を出してますが、これは高村光太郎の業のようなものだと、いうふうに私は思っています。

それと現代ということについてご質問がありましたが、現代の彫刻というものの在り方に私は若干疑問があります。彫刻というのはもっと素朴な触覚形式に戻るべきではないかという気が実はしているわけです。このごろ彫刻家が一般におよび腰です。彫刻家というと非常に古めかしいことをやっているというような、そういう印象をどうやら持つらしい。彼らはどういうふうに言われたいかというと、立体作家と言われたいわけです。近ごろ、絵画と彫刻の区別がつきにくくなって、平面と立体などといういいかげんなことを言いますけれども、実はその辺に危ない部分があるのではないかという気がしています。やはり、立体造形というものの根本には触覚というものがあるべきだと思います。ヘレン・ケラーは病気であらゆる感覚を失いました。彼女に残されたのは唯一触覚でした。しかし、触覚というものがあれば人間は生きられるのです。ただ、ヘレン・ケラーが知的な世界に目覚めるには、言葉という記号の世界と触覚の世界がつながらなければなりませんでした。芝居なのか事実なのかは分りませんが、ウォーターという言葉と水の触覚が結び付いた瞬間に知的な世界が彼女の前に開けるという印象的なシーンが映画や芝居でありましたが、やはり触覚というものが人間にとって最も本源的な感覚だと思います。

私はこのごろ思っているのですけれども、最近の子供の犯罪の恐ろしさというのは、ヴァーチャル・リアリティーに慣れることの恐ろしさではないかと思っています。子供はもともと泥んこ遊びや粘土遊びが大好きです。お団子をこねたり、ヘビをひねり出したりして喜んでいます。つまり子供たちは直接に自分の手で物に触るということによって、自分が生きていることを実感しているのです。そういったところから出てくる芸術というものが彫刻であり、それが光太郎のいう彫刻的生命なのです。それが近ごろの現代彫刻では、危なくなってるというのが、私の感想であります。

それと、もう一つ、芦津先生からのご質問ですけれども、セザンヌの中には触覚というものがあるのではないか、あるいは音楽というものにもあるのではないか、このことについてはもう時間がありませんので、資料の5を見ていただいたらよろしいかと思います。「絵画に於けるトオンの感じも、気がついてみれば触角である」と光太郎は言っているわけであります。「口では言えないが、トオンのある絵画には、ある触覚の玄妙がある」と言っています。おそらく、セザンヌの絵画が我々に感じさせるトオンとか、触覚性というものは、おそらくこういうところから来ているのではないかと思います。

司会（大橋） ありがとうございます。柴田先生、お願いいたします。

柴田 ただいまのコメンテーターの方のご発言に関係して、二つだけ申し上げたいと思います。

ひとつは、今日の総合タイトルは「生命─創作の秘密」で、創作の秘密について先程触れるつもりだったのですが、触れ忘れまして、そのことがコメンテーターのご発言の中にもございました。老ゲーテの生活がどういうものだったか、テレーゼ・フーバーの二通目の手紙で分かるとおり、非常に尊大な幽霊みたいな老宮廷人だった。「マリーエンバートの悲歌」というのは神々を呪っている。それにもかかわらず、その後にこういう作品が書ける。それが創作の秘密であって、秘密なんだから解き明かしようがないと言えば解き明かしようがないんですけれども、ただ、事実の問題として言っておけば、実は「マリーエンバートの悲歌」そのものが、それを書くことで辛うじて自分を持ちこたえているという、そういう状況で書かれていて、その後彼は危篤状態に陥る。しかし、その後そのまま消滅していくように衰えていくかというと、書くことによってよみがえってくる。例えば「古典的ヴァルプルギスの夜」を書くことによってよみがえっていく。但し書くことによってよみがえるといっても、自分の中にないことは書けない。先程、青年の時に夢見た全的解放が「古典的ヴァルプルギスの夜」でよみがえるということを申し上げましたけれども、もちろん若い時の幻想がそのままよみがえったわけではなくて、そのとき垣間見た秩序とか社会的な約束ごとを全部はずしてしまった時の世界のありよう、世界の中の生命のありようというものが、ここでもう一度全面的に展開されたんだろうと思っています。決して、もう一度、若い時に返ったという話ではありません。社会的秩序の強制力が必然だということを、ゲーテぐらいよく知っていた人はない。ただ、それは永遠の真理ではなく時代時代で変わる約束ごとに過ぎず、約束ごとが無くなった時、生命はどういう輝きをもって現われるか、それを若い時に本能的に、一瞬のうちにすべてを見たのだろうと思います。そしてこの「古典的ヴァルプルギスの夜」は、その輝きを全面的に展開しています。

第二の点は、コメンテーターが言われた、「古典的ヴァルプルギスの夜」と最終場面のファウストの救済場面の関係です。最終場面でファウストを救済するのは神ではなくて、聖母マリアであって、しかも聖母マリアが女神と呼ばれます。これは本来のキリスト教からすれば、キリスト教の神は唯一神ですから、異端的な考え方です。聖母マリアは裁くものとしての神ではなく、すべてを宥すものとして、カトリックの信仰の中で場所を獲得します。その意味で聖母マリアは宇宙の生命の働きを優しく受け止め、その限りで「古典的ヴァルプルギスの夜」につながっています。しかし、それでもなおかつ、二つの場面の間にはやはり本質的な「裂け目」があると私は思っています。「古典的ヴァルプルギスの夜」でホムンクルスだけではなく、なぜファウストもまた海の中に一緒に入っていって、海の中で新しい生成の道をもう一遍はじめから繰りかえさないのか。なぜ最後に聖母マリアに救ってもらう必要があるのか。第II部冒頭ですべての記憶から解放された以上、ファウストは原始生命に戻って、そのまま海の中に溶けこんでいけばいいのではないか。最後の救済の場面は余計なのではないか。

しかしゲーテは、あのファウスト救済の場面を描かずにはいられなかった。そこにはゲーテのエゴの問題が隠されていると思われます。ゲーテは近世から近代に移り変わる時期にあって、近代のエゴの問題性を充分知っていながら、同時に自分の中の強烈なエゴを否定しきれなかった。自分の個的生命が海の中に溶けこんで、宇宙の生命の中へ消えて行くのには堪えられなかった。それが「裂け目」であり、我々自身もそういう「裂け目」の中で生きている存在なのだろうと思っています。

司会（大橋）　今、視覚論、触覚論という問題と、ゲーテのファウストとりわけ「裂け目」をめぐる議論、直接には結び付いていませんが二つのテーマが浮上してきております。いずれかにつきまして、あるいは両方でも結構ですが……それでは、高橋さん、お願いします。

高橋　まず視覚と触覚のことですが、ヘルダーは五感の中で触覚を特に重要視しました。この考えは、すでにソクラテス以前の古代ギリシャの哲学者にあったもので、たとえばピュタゴラスやエンペドクレスは、視覚と触覚を同一視しています。眼のなかから視線が伸びていき、たとえばそこにあるピアノをなぞってから、眼に返ってくる。だから眼にピアノが見えるというんですね。アリストテレスはこういう説をくだらないと言って批判していますが、私はピュタゴラスの言うように、視覚に触覚的な作用があることは否定できないと思います。たとえば彫刻を見ているとき、私たちは眼で彫刻の像をなぞっているんじゃないでしょうか。また三島由紀夫は、映画のスクリーンに映っている美人の顔を男の観客はまるで手で触れるようにして眼でなぞっているんだと言っていますが、たしかにそういうことはあるんじゃないでしょうか。他方、そういう説はくだらないとアリストテレスが言っているように、触覚に還元できない高度の視覚というものもあるのじゃないでしょうか。

もうひとつ、今度は柴田先生にお聞きしたいのですが、ゲーテはある日、『ファウスト』に出てくるホムンクルスは何を表わしているのか、と誰かに聞かれて、あれはエンテレケイアを描いているんだ、と言っています。エンテレケイアはアリストテレスの用語で、よく「円現」と訳されますが、ゲーテの言うエンテレケイアは永遠に活動している生命とでもいった意味でしょう。柴田先生は純粋生命と言われましたが、ゲーテは、純粋生命ないしエンテレケイアが自分の中にもファウストの中にもあると考えていました。だから、生命の権化としてのファウストはどうしても救われなければならなかったんじゃないでしょうか。

ついでにもうひとつお聞きしたいのは、希望のことです。先生は作家でもいらっしゃいますが、作家にとっては希望も大事だが、絶望も同じくらい大事なのではないでしょうか。ここで少し乱暴な仮説を申し上げます。ゲーテは一八二三年に若い女の子に恋をした。七十歳をとうに過ぎてから恋をすることによって、ゲーテは若返りたいと思ったのかもしれません。ちょうど老人のファウスト博士が若返ったように。でも、ゲーテは振られることをある程度予測していたんじゃないか。振られて絶望する。その絶望が自分の文学的創作の源泉になると考えていたとは言えないでしょうか。つまり、ゲーテは絶望と希望のあいだを行ったり来たりしていたのではないか。そういう点についてお伺いしたいと思います。

司会（大橋）　おもしろい、かつ明快なご質問でありましたので、整理しやすいと思います。関連するご質問をお持ちの方がもし今ありましたら、お手をお挙げ下さい。……なければ、とりあえず神林先生の方から。

神林　私が知る限りでは、少なくとも芸術という意識、自覚というものが出てくるのはだいたいルネサンスあたりからだろう、と。それこそ、現在我々が芸術と呼んでいる人間の営みというのは大昔からありますけれども、少なくとも芸術としてそれを見るようになったのは近代、おそらくルネサンス以来のことだろうと思います。つまり、それに限って話をさせていただければ、今日の講演でもお話しましたように、かつては芸術に関わる感覚は視覚と聴覚に限定される。視覚と聴覚は高級感覚であって、それ以外の臭覚とか触覚とか味覚というものは、これは芸術創造にとって価値の無い感覚であるという前提がありました。先生のご質問にありました、映画における触覚的視覚というものですが、それはあくまでも本源的には触覚に属するものであって、ヘルダーはそうでありますし、高村光太郎は何に依拠しているかということは、もうひとつ摑みにくいわけですけれども、少なくとも視覚というものを非常に図式的なものとしては捉えている。
そうした視覚を図式的に捉える根拠としてヘルダーが使っているのは私が知る限りでディドロなどの盲人論です。つまり、目の見えない人が突然目が見えるようになったらどうなるか、自分が触覚で感知していた世界と、視覚的世界とが関連づけられない。しばらくたって、目で見たものが三次元的な奥行きがあるものだということを訓練で学ぶ。そうした世界が瞬時に分かるようになることによって視覚を触覚的に使うことができるようになる。ですから、視覚というものは極めて高級な感覚で、触覚というものはそうではない。目で触りまくるという と、いささか品の悪い感じがしますけれども、実はそうじゃなくて、そういった根源的な感覚だからこそ重要な意味を持っているのです。つまり触覚こそが、人間の生命そのものに直接関わる感覚であるということを高村光太郎は主張しているのです。そこに彼の彫刻的世界観という面目があるのだろうと私は感じています。

柴田　触覚と視覚の問題ですが、高貴な感覚としての視覚は対象を言わば全体として捉える。触覚は当然のことながら、対象を部分として捉える。しかしゲーテの場合、その対比だけで考えていいか、どうか。ゲーテの高貴な感覚としての視覚、つまり全体像をとらえる視覚は、決して悪い意味での古典主義的な全体のバランスを見るだけのものでなかった。およそ全体の中にある部分部分の生命がいきいきしていて、はじめて全体の生命が存在する。そしてゲーテの視覚は、個々の具体物の生命を凝視して、それを通して生命の全体を捉える、その意味で高貴な感覚だったんだと思います。

最後の場面については、確かにファウストの中には活動的な生命力があるから、救われるということはゲーテは確信していた。しかしその時、生命は、どういう形で救われるのか。もしも、我々個人個人の生命が、宇宙そのものの生命のひとつのあらわれであるとすれば、何も個人という形、あるいはファウストという固有名詞において救われる必要なんか全然ないはずで、生命全体が永遠に存続しつづければ、それで十分なはずです。ところがゲーテは、一方でそういうことを言いながら、他方で自分自身に強く執着するという二重性がある。それが私の言う「裂け目」です。

それから一八二三年の絶望の問題ですけれども、結論を先に言ってしまえば、高橋さんがおっしゃった創作者としての意図的な絶望はゲーテにおいては無かったと思います。トーマス・マンは彼の『若きヴェルテルの悩み』論の中で、若いゲーテは婚約者がいるシャルロッテ・ブッフへの絶望的な恋の最中にあっても、常に自分があとで書くだろう小説のことが頭にあったと書いています。もっと俗に言えば、「これは使えるぞ」という意図があって、わざと失恋に終わる恋に熱中したのだと書いている。しかし、これは非常にトーマス・マン的であって、決してゲーテ的じゃないと思うんですね。意識家であったトーマス・マンは、恋のさなかでもきっとそういうことが頭の中にチラチラ動いただろう。しかしゲーテという人は結果はどうであっても、恋愛している時にはただ恋愛のみに生きることができた。それがゲーテの幸せさだったと思っています。七十四歳になっても突然ひとりの少女に対して夢中になってしまう。あとから、我々が説明する場合、いろいろな説明はできるけれども、その時のゲーテは、ただもう少女の姿から目が離せなくなってる。それだけが彼にとってのその時点での真実だったんだろうと、私は思っています。

司会（大橋） 木村敏先生、どうぞ。

木村 木村でございます。今日のシンポジウムは計画の段階から私も加わっていたんですけれども、どうも医者である私の出る幕ではなかろうと思って、コメンテーターを降りていたのですが、やはり、伺っておりましたらお話をしたくなりました。

視覚、触覚の問題が出ていましたですね。私が思うに、触覚という言い方で言われると、ヘルダーも光太郎も「触覚」と言っておられるのかもしれませんが、そういう言葉で言うと視覚と同列に並ぶ五感のひとつになってしまう。個別感覚、特殊感覚のひとつになってしまう。これは触覚というべきではないんじゃないかと実は思うんです。というのは、去年のこのシンポジウムで中村雄二郎さんが共通感覚の話をして下さった。私自身も共通感覚は何十年も前から追っかけているもんですから、それで申し上げるんですが、五感のすべてに共通するひとつの根本的な感覚があるだろう。共通感覚のことをギリシャ語でコイネ・アイステーシスと言いますが、それをそのままドイツ語にもってくるとコエネステーゼ、フランス語で言うとセネステジーということになるわけですけれど、中村さんはそれを体性感覚と言ってる。どうもそれはそういうものじゃないだろうか、それは五感のどれに一番近いかというと触覚に近いかもしれない。でも、触覚とどう違うかといいますとね、一種運動感覚が入ってるんですね。五感のひとつとして、皮膚表面の感覚としての触覚は非常に受動的です。撫でまわすことで初めて肌目がわかりますでしょ。身体全体を使うような感覚ではなかろうかという気がしています。そういうことで、共通感覚の問題に通路があるんじゃないか。生命本意と形式本意、あるいはロダンとヒルデブラントというのも、ここで、柴田先生とのご発表との太いつながりが出てくると思うんですけれども。視覚的な世界と共通感覚的な世界、この二つの世界の総合みたいなものが彫刻だと思うんですけれども、ゲーテにやはりそれがあるんじゃなかろうか。私は精神科の医者ですが、ゲーテは精神医学の方では典型的な躁鬱型のパーソナリティーだと考えております。私は躁鬱型ということを、躁になったり鬱になったり波を繰りかえすという意味では捉えないで、躁的成分と鬱的成分のどちらがそれぞれの場合に表に出るか、どちらが多いか少ないかだけのことで、常に両成分を持っている大変矛盾した人だと思っているんです。鬱の成分というのは、秩序にしがみつくんです。あるいは社会的な役割にしがみつくことが知られている。躁の成分はそれの自己否定で反秩序、反日常、お祭り騒ぎ、祝典的な世界へ突破していこうとするんです。その二つが常にいっしょになっている。若い時のゲーテと、年取ってからのゲーテの手紙で出ていたようなコントラストというのは、年齢によるよりも、その日その日、その時その時でゲーテはその両面を持っていたのかもしれないという気もします。いずれにしても大変矛盾のある世界で、先程おっしゃった救済の問題でも「裂け目」と言われたが、柴田さんの作家としての直感で捉えられたことは正しいと思うんですね。絶対、裂け目がある人だと思うんですよ。そもそも「ヴァルプルギスの夜」というのが、秩序愛好者の面を持っていたゲーテの反秩序的ドンチャン騒ぎの世界ですから、そこから一直線だと考えればいいんじゃないかと思います。

柴田 ちょっと、今のところについてご質問したいんですが、よろしいでしょうか。

司会（大橋） どうぞ。

柴田 今の、躁と鬱に関して、最後の救済というのは、秩序の中で救済されたい、秩序の中で自分が認められたいという気持ちが非常に出ているということでしょうか。

木村 もちろん、私はファウストをしっかり読み切ったことはないので、ファウストについてそれは何とも言えませんけど、絶対そうじゃないかと思いますね。マリアをゲッティンという形で出してきたりしているんだったら、何とか秩序を求めていた、しかし全体として反秩序の世界を通ってきているわけでしょう。これは裂け目以外の何ものでもないんじゃないかという気がしますけど。

司会（大橋） 神林さん、何か。

神林 木村先生から大変いいコメントをいただいたと思っています。たまたま光太郎の場合は触覚という言葉でしか表現できなかったのですけれども、結局『触覚の世界』で彼が言いたかったことは、視覚であろうが味覚であろうが、あるいは聴覚であろうが、全部触覚というものに還元されるということ、いわゆる我々が触覚という言葉でもって呼んでいいものかどうか分りません。ただ、とりあえず光太郎はそうしたものを触覚的なものの中に全部取り込むことができるという可能性を彼は述べたのだと思います。それは、つまり、彼が言うところの、触覚に基づくところの彫刻的世界観につながっていくのだろうと考えます。それと、もう一つ重要なことは、部分を知るということと、全体を知るということですね。つまり、部分を知るのが触覚で、全体を知るのが視覚である。つまり、それはヒルデブラントの主張にも出ているもので、存在形式というのは部分を知る知覚に基づくものであり、それに対して作用形式というものは視覚による全体像の把握であると。そうした視覚的なものと触覚的なもの、つまり部分と全体というものを同時に把握するような、そうした彫刻が理想的な彫刻であるというふうに、おそらく光太郎は考えていたのだろうと思います。ただ、彼は自分の好みからすると「触覚的人間」であるということを最後まで強調していたようではあります。

司会（大橋） 大河内先生、どうぞ。

大河内 大谷大学の大河内と申します。柴田先生だけでなく、この中にもたくさんのゲーテ学者がいらっしゃると思いますので、お伺いしたいことが一つあります。私自身ゲルマニスティックの勉強はゲーテから始めました。ゲーテを道徳的に考えたこともありませんし、読まなきゃいけないと考えたことも一度もなくて、知らない間にゲーテを読んでいたんですが、一九五〇年代の前半か半ばぐらいだったと思うんですが、ヤスパースの小さな本で、"Goethe und unsere Zukunft" という本だったと思いますが、その中でヤスパースが言ってることがひどく頭に残っていて、それ以来ずっとゲーテとどういうスタンスを取っていいかということがよくわからない。というより、個人的な感じで言うと、遠ざかっている感じがするんですが、そのヤスパースの言葉というのが "Goethe steht Homer näher als uns." （ゲーテは我々よりもホメロスに近くたっている）というものだったんです。その前後に何が書いてあったのかは忘れてしまったんですが、先頃、近世、近代というお話が出ましたが、我々は現代というわけのわからない世界に生きているわけです。確かにゲーテの一生を先程ほんの短い時間にお話になったなかでも、いわばヨーロッパの大変動の中でゲーテも生活したわけですが、アドルノ流に言えばアウシュビッツを越え、ヒロシマを越え、というところまで、いろんなものが全部破壊されてきた現代の我々が、ゲーテにどう対していいのかという問題が私個人にはそれ以来ずっとあります。お話を伺っていますと、ファウスト第II部にはそんなにおもしろいところがあるんだなあとは思うんですけれども、そのことが現代の問題とどうつながるのか。こういう大きなややこしい問題を出すのはいけないのかもしれませんが、私自身の問題でもありますので簡単で結構ですから、教えていただければありがたいと思います。

柴田　「ホメロスに近い」と、ヤスパースがどういう意味で言ったか私はよくわかりませんけれども、その言葉だけを聞くと非常にうなずけるところがあります。つまり、我々人間が生きているということを大きな自然史の中でとらえるか、あるいは人間が作っている大きな意味での歴史とか社会とかそういうものの中で捉えるか、そういう二つの対立を考えると、自分が読んでいるかぎりでは、ホメロス、私は翻訳で『イリアス』と『オデッセウス』を読んだくらいですけれども、自分が読んでいるかぎりでは、あるいはギリシャ神話の性質そのものがそうかもしれませんけれども、人間の営みをすべて大きな自然の営みの一環として見ている。そしてゲーテも、少なくとも『ファウスト』は、我々が日常生活の中ではどうしても必要とする善悪の判断をそこへ持ち込むことなしに書いているという気がします。ゲーテは日常生活の中での手紙とか人との対話とか、そういうところでは善悪の区別をはっきりと言う人で、非常に秩序的保守的な人ですけれども、例えば第II部の冒頭では、人間の倫理の基本にあるはずの記憶を完全に忘却させても平然としている。そういうふうに人間の行いを、自然史の一環としてしか見ていない。そういう気がします。なお先程芦津さんは、『ファウスト』第II部冒頭の忘却は苦しみとの真剣な対決を象徴していると言われましたが、私には真剣な対決が忘却によって達成されるとは思えません。

我々は現実の歴史の中で第一次大戦、そして第二次大戦以降、いろんなことを見聞きしてきたわけで、そこにおける人間の悪という問題も考えざるをえない時代に生きている。ゲーテが仮に今生きていたら何を言うかは、仮説の問題でわかりませんけれども、同時代の問題についてはゲーテは最終的には無関心の人だった。それは、ナポレオンに対する態度でも判ります。ナポレオンについては当時毀誉褒貶様々でしたけれども、ゲーテにとってナポレオンは大きな自然現象、巨大な嵐のようなもので、それによっての被害は極力さけるけれども、その偉大さは感嘆するほかなかった。

さて、そういうゲーテを読むことが現代にとって役に立つかどうかは、私にはわかりません。ただゲーテの現代性ということは個人的にはあまり言いたくない。つまり、現代性というようなことを言うということは、ものを考える時にそこに歴史のカテゴリーを持ち込むこと、歴史の言葉でものを考えることだと思いますけれども、ゲーテの作品の内実は、こちらが歴史というカテゴリーの範囲内で考えようとすると捉えることができない。それよりも、もっと大きな存在だという気がしています。ゲーテは永遠なる自然の相で世界を見ていますから、現代に生きている自分にとってのゲーテの意味、という問いを発すると途端にゲーテは見えなくなるような気がしています。ゲーテにおいて見えてくるものは、自然存在としての人間の運命と言ったものだ、とでも言うべきでしょうか。

司会（大橋）　ゲーテのファウストにおける救いの裂け目ということから始まって、裂け目をめぐる議論がいろいろ展開されました。私の聞いていました限りでは、議論そのものの中にもいろんな裂け目があったという感じもいたします。ゲーテの現代性をめぐる議論そのものが裂け目を持つという感じもいたします。

元来、こういうシンポジウムは、めでたしめでたしで拍手というような議論の仕方が必ずしも良いとは言えないと思います。むしろ、裂け目がプロダクティブな意味を持ちながら進行するということの方が、本質的であるというふうに思います。今日もそんなふうに議論が進んできたかと思いますが、本日はお二人の講師の方から専門的に突っこみながら、そして現代性を持ちこむ必要はないと言いながら、やはり現代性と結びつく問題、話題を提供していただいたと思います。

神林先生は、触覚という大きな問題を出されました。これは木村先生がご指摘になりましたように、共通感覚論、運動感覚論といった現代の感覚論のテーマと結びつくと同時に、すでに仏教の中にもある問題です。法華経に香りを聞く「聞香」という言葉が出てまいります。ありとしあるものがすべてそれぞれの香りを持っている。その香りをかぐことによって、ものの真相、所在がわかる、という話です。そこから「聞香」という言葉が出てきます。香りを聞くんだから触覚なのか、嗅覚なのか、聴覚なのか。それから観音菩薩という音を観ずる菩薩さんも出てまいります。ニーチェのツァラトゥストラには、初めの方でこんな場面が出て来ます。ツァラトゥストラが山から下りて来て群集に説教をすると、群集がツァラトゥストラの説教に耳を傾けないで、あざ笑うというシーンですね。それに対してツァラトゥストラが、彼らが目で聞くことができるように、彼らの耳を潰さなければいけない、と呟きます。先程の柴田先生のコメントを借りて言えば、目で聞くというのは、音を聴覚だけで聞くというのではなくて、全体的に理解して知的に聞くということを意味するだろうと思います。そういうふうに聞くためには耳を潰してしまえと。激しい言葉ですが、ともかく感性の問題は仏教にまでさかのぼるテーマであると同時に、現代のテーマにまで結びつくと思います。それを彫刻論と重ねる形で神林先生が提起していただいたと思います。

柴田先生のファウスト第II部「古典的ヴァルプルギスの夜」、このお話もまた生命肯定論という角度から、かつゲーテがいかにおもしろいのであるかという観点を交えて、お話下さったわけであります。先程申しましたように、このファウストの解釈をめぐっては、私の感じるところでは、自然というテーマと深く結びつくところであろうかと思います。自然というのがそもそも救われているものなのか、あるいは自然が反自然を含んで成り立って、その自然の秩序と反秩序が現代にいたって難しい問題を引き起こしているのか、そういう問題が救済というテーマにおいて異教性、あるいは宇宙の生命、そういったテーマと結びついて提出されてきたわけであります。これもいろんな意味での裂け目を含む大きなテーマであろうかと思います。その意味で大河内先生から最後に出されました質問は、現代と、近世・近代とのあいだに裂け目があるのではないのかという問いと結びつくように思います。

日独文化研究所の公開シンポジウム第九回の「生命―創作の秘密」でありますが、秘密は解明されないから秘密であるというふうに柴田先生が先程おっしゃいましたので、気を楽にして、シンポジウムの議論の結果を皆さんに反復あるいは展開していただきたいと思います。それでは、講師の先生方、ありがとうございました。コメンテーターの先生方とフロアの聴衆の方のご参加に御礼を申し上げて、これで終りにしたいと思います。

あとがき

本書は日独文化研究所主催の第二期公開シンポジウム「生 Leben」の成果刊行である。第一期の公開シンポジウムは一九九二年から一九九五年まで、「自然」という連続テーマで行なわれ、その成果は一九九六年に人文書院から『文化における〈自然〉』という書名で刊行された。本書はこれにつづく第二弾ということになる。参考のため、本書収録の論文のもととなった講演の年次等を記すなら、左記のとおりとなる。

一九九六年度のテーマは「生命と自己」である。これは、連続テーマである「生命」が英語の life であれドイツ語の Leben であれ、「生」「人生」「生活」、等をも含意することから、これらの軸としての「自己」という観点を最初に挿入したものである。中村桂子氏の「自己創出する生命」は生物学のゲノム論から、また川原栄峰氏の「ハイデッガーの動物論」はマルティン・ハイデッガーの動物論から、このテーマにアプローチしていただいた。

一九九七年度のテーマ「生と死」は、「生命」というテーマが生物的なレベルにとどまらず、実存的・宗教哲学的なレベルに及ばざるを得ないことを、表現している。M・トイニッセン氏と坂部恵氏の発表は、深く共通するとともに、西洋と日本のそれぞれの伝統をも深く表現するという意味で、好一対であることを、読者は感じ取ることと思われる。

一九九八年度のテーマ「感覚の哲学」は、生命だけを対象とするよりは、生命を論じる立場をも対象とするものである。上山安敏氏の「時代現象としての感覚」は、自然科学と文学と宗教という広い広がりに出て「感覚」を見るものであり、中村雄二郎氏の「感覚と生命」は氏自身がこれまで展開してきた共通感覚論の、新たな局面の提示でもあった。

一九九九年のテーマは、「芸術」という観点を加味して「生命――創作の秘密」とした。ゲーテ生誕二五〇年にあたるからである。神林恒道氏の「彫刻になにをみるか」は、彫刻の日独比較論を兼ね、また柴田翔氏の「宇宙の生命の祝祭」は独文学者と作家を兼ねる氏の「ファウスト」論となった。

「ディスカッション」記録から分かるように、いずれの年も充実した質疑が、フロアの聴衆をも交えて、くつろいだ雰囲気のなかで行なわれたことを、付記しておきたい。

編　者

執筆者（訳者）一覧（掲載順）

中村　桂子　*Nakamura Keiko*　1936年生まれ。JT 生命誌研究館館長
著書『ゲノムの見る夢』『生命誌の扉をひらく』ほか。

川原　栄峰　*Kawahara Eiho*　1921年生まれ。早稲田大学名誉教授
著書『ニヒリズム』『ハイデッガーの哲学と日本』ほか。

M・トイニッセン　*Michael Theunissen*　1932年生まれ。ベルリン自由大学教授
著書　Sein und Schein, Negative Theologie der Zeit ほか。
（訳者　寄川条路　*Yorikawa Joji*　愛知大学教授）

坂部　　恵　*Sakabe Megumi*　1936年生まれ。東京大学名誉教授
著書『仮面の解釈学』『ヨーロッパ精神史入門』ほか。

上山　安敏　*Ueyama Yasutoshi*　1925年生まれ。京都大学名誉教授
著書『フロイトとユング』『魔女とキリスト教』ほか。

中村雄二郎　*Nakamura Yujiro*　1925年生まれ。明治大学名誉教授
著書『共通感覚論』『日本文化における悪と罪』ほか。

神林　恒道　*Kambayasi Tsunemichi*　1938年生まれ。大阪大学名誉教授、立命館大学大学院教授
著書『シェリングとその時代――ロマン主義美学の研究』『美学事始』ほか。

柴田　　翔　*Shibata Sho*　1935年生まれ。小説家、共立女子大学教授
著書『突然にシーリアス』『ゲーテ＜ファウスト＞を読む』ほか。

編者略歴

†芦津丈夫 *Ashizu Takeo*

1930年生まれ。京都大学名誉教授。2001年死去。著訳書に『ゲーテの自然体験』（リブロポート、1988年）、『ゲーテ全集13』（潮出版、1980年）ほか。

木村　敏 *Kimura Bin*

1931年生まれ。京都大学医学部教授を経て、現在河合文化教育研究所主任研究員。京都大学名誉教授。著訳書に『木村敏著作集全８巻』（弘文堂、2001年）、ヴァイツゼッカー『生命と主体』（人文書院、1995年）ほか。

大橋良介 *Ohashi Ryosuke*

1944年生まれ。京都工芸繊維大学教授を経て、現在大阪大学大学院教授。著書に『〈切れ〉の構造』（中央公論社、1986年）、『西田哲学の世界』（筑摩書房、1995年）ほか。

ISBN4-409-04060-X C1010

生命《せいめい》の文化論《ぶんかろん》

二〇〇三年一〇月二〇日　初版第一刷印刷
二〇〇三年一〇月三〇日　初版第一刷発行

編者　†芦津丈夫
　　　木村　敏
　　　大橋良介

発行　財団法人　日独文化研究所
〒六〇六-八三〇五　京都市左京区吉田河原町一九-三

編集・制作・発売　人文書院
〒六一二-八四四七　京都市伏見区竹田西内畑町九
電話〇七五・六〇三・一三四四
振替〇一〇〇〇-八-一一〇三

印刷　創栄図書印刷株式会社
製本　坂井製本所

http://www.jimbunshoin.co.jp/